사람들은 왜
당신을 믿지 못할까?

사람들은 왜
당신을 믿지 못할까?

롭 졸스 지음 | 황정경 옮김

홍익출판 미디어그룹

Contents

PART 4 너의 진짜 목소리를 찾아라

PART 5 비를 맞으며 달리는 걸 두려워하지 마라

PART 6 긍정의 눈과 긍정의 마음을 선택하라

모든 인간관계는
30초 안에 결정된다

나는 지난 40여 년 동안 80여 개 나라에서 500만 명 이상의 청중을 대상으로 성공과 목표 달성에 관해 강연하면서, 오랫동안 머릿속을 채우고 있던 질문의 답을 찾고 있었다. 그 질문은 바로 이것이다.

"왜 어떤 사람은 다른 사람들보다 더 크게 성공할까?"

똑같은 환경, 똑같은 조건으로 출발했는데 누구는 1등이 되고 누구는 중간에서 탈락한다. 어떤 사람은 골인 지점에 도착하긴 했지만 이미 기진맥진하여 단지 완주했다는 사실만으로 만족한다. 이렇게 같은 조건에서 시작했는데도 한 사람은 성공하고, 다른 한 사람은 실패하는 이유는 무엇일까?

베스트셀러 작가이자 저명한 성공 코치인 롭 졸스Rob Jolles가 이 물음에 대한 답을 찾아냈고, 그 결과물을 이 책에 담았다. 그는 이 책에서 우리가 저마다의 삶에서 진로를 가로막는 높은 장벽을 뛰어넘어 당당한 주인이 되고, 목표를 달성하고, 마침내 성공자의 반열에 서려면 정확히 무엇을 어떻게 해야 하는지를 가르쳐준다. 그가 내린 결론은 이렇다.

"진정한 성공자가 되려면, 세상 사람들이 당신을 처음 만난 그 순간부터 100퍼센트 신뢰할 수 있게 만들어야 한다. 그러기 위해 필요한 것은 설득력, 진실, 긍정의 힘이고 이런 요소들이 하나가 되어 만들어내는 것이 바로 '신뢰'다."

롭 졸스는 당신이 스스로를 얼마나 신뢰하고 있는지와 다른 사람들이 당신을 얼마나 신뢰하고 있는지는 직접적인 관계가 있다고 말한다. 다른 사람들의 믿음을 얻으려면 자신이 스스로를 확실히 믿는 게 전제되어야 한다는 뜻이다.

당신은 이 책을 통해 다른 사람들의 신뢰를 얻고, 영향력을 높이는 데 필요한 기술과 그것을 폭넓게 활용하는 방법을 배울 수 있게 될 것이다. 또한 당신이 정말로 원하는 직

업을 구해서 거기에 잘 적응하려면 어떻게 해야 하는지, 직
장이나 주변에서 리더십이 뛰어나다는 평가를 받으려면 어
떻게 행동하고 말해야 하는지도 배울 수 있을 것이다.

　나는 지독하게 가난한 집안에서 태어나 어려서부터 하루
하루 힘겹게 살아야 했기 때문에 변변한 친구 하나 없었다.
그래서 대부분의 시간을 혼자 지내거나 나처럼 인기 없는
아이들과 억지로 어울리며 지내야 했다.
　그렇게 유년시절을 보내고 청소년기에 이를 때까지, 나
는 사회생활을 영위하는 데 필요한 기술을 배워 나만의 삶
의 무기로 만들 수 있다는 생각은 하지 못했다. 그러니 누군
가를 대하는 태도에 따라 그 사람에게 믿음을 줄 수 있으며,
그것이 인간관계를 폭넓게 하는 무기가 된다는 사실을 상상
은커녕 그런 게 있는지도 몰랐다.

　신입사원 채용을 담당하는 인사 담당자들과 이야기를 나
눠보면 누구를 채용할지의 여부는 대개 몇 마디 대화를 나
누는 처음 30초 안에 결정된다고 한다. 첫인상이 그만큼 중

요하다는 뜻이다.

경험 많은 어느 인사 담당자는 30초는커녕 만난 지 단 몇 초 안에 상대를 믿을 수 있을지가 판단된다고 한다. 무엇이 이를 가능하게 하는 것일까? 단지 첫인상이 좋은지 나쁜지만 가지고 신뢰 여부를 결정한다면 너무 심한 게 아닐까?

나는 강의 중에 청중들에게 "우리가 내리는 결정 중에 논리적인 부분은 얼마나 되고, 감정적인 부분은 얼마나 될까요?"라는 질문을 던지곤 한다. 그러면 청중들은 대체로 논리적인 부분이 80퍼센트, 감정적인 부분이 20퍼센트 정도라고 대답한다. 과연 그럴까?

심리학자들의 말에 따르면, 실제로는 어떤 결정을 하는 데 있어 감정적인 부분이 100퍼센트 작용한다고 한다. 심리학자들은 이렇게 설명한다.

"우리는 먼저 감정적으로 결정한 다음, 나중에 논리를 억지로 끼워 맞추는 습성이 있습니다. 특히 사람에 대한 판단은 첫인상이나 선입견 같은 감정에 의해 좌우되는 게 훨씬 심합니다."

　나는 강연이 직업인 사람이라 연설 시작 후 30초 이내에 청중들에게서 공감을 이끌어내고, 강연이 끝날 때까지 그 기운을 이어가며 관객과 호흡해야 성공적인 강의가 된다는 사실을 경험으로 잘 알고 있다.

　그리고 이것이 내가 성공 코치로서 나름의 명성을 지켜온 이유다. 롭 졸스는 이 책에 이러한 이론을 쉽고 흥미로운 사례를 곁들여 자세히 설명하고 있다. 이 책을 통해 당신도 세상 누구보다 신뢰받는 인물이 될 수 있을 것이다.

비즈니스 컨설턴트 겸 작가
브라이언 트레이시 Brian Tracy

인간관계에서
제일 중요한 것

나는 지난 30여 년 동안 전 세계를 누비며 비행기 안에서 400만 킬로미터가 넘는 거리를 보낼 정도로 인간관계와 동기부여에 관한 세미나를 진행해왔다. 그렇기에 내 강의를 듣는 사람들이 무엇을 필요로 하는지 잘 안다고 자부해왔다.

나는 적어도 설득에 관해서라면 최고 전문가라 믿었다. 설득에 관한 책도 여러 권 썼고, 포춘Fortune이 선정한 500대 기업들에서 강의와 컨설팅을 해왔으니 그런 자부심은 당연하지 않은가.

그러나 나는 어떤 경험을 계기로 내 생각이 틀렸음을 알게 되었다. 3년 전 여름, 윌리라는 친구가 전화로 자신이 지난 몇 년 동안 자원봉사를 해오고 있는 어느 단체에서 유능한 강사를 찾고 있다고 말했다.

"구직자들의 취업을 돕는 기독교 자선단체인데, 소정의 기간 동안 취업에 필요한 훈련을 시킨 후 직장을 찾도록 돕는 단체라네. 거기서 동기부여를 주제로 강의할 수 있는 사람을 구하는데, 나는 자네가 참여해줬으면 하네."

실업자들을 대상으로, 그것도 무료로 강의해야 한다는 것이 썩 내키지 않았지만 그가 하도 집요하게 부탁하는데다 장소도 집에서 25분 거리밖에 되지 않아 잠깐 들러 강의하고 돌아오면 되겠거니 했다.

친구의 말로는 구직자들이 취업 면접에서 어떻게 하면 능숙하게 자기표현을 할 수 있을지를 가르치면 좋겠다고 했는데 그런 강의라면 내가 평생을 해온 일이니 특별히 준비할 것도 따로 없었다.

강의 첫날, 강의실에 들어서면서 받은 첫인상은 수강생들이 생각보다 고령이고, 인원수도 많다는 것이었다. 처음에는 30명쯤 되는 사람들이 제법 큰 강의실에서 어색하게 서성거리고 있었는데 내가 시청각 장비를 점검하는 사이에 한두 명씩 더 들어오더니 금세 60여 명이 되었다.

하지만 거기서 끝이 아니었다. 강연을 시작하기 30분 전쯤에는 100명이 훌쩍 넘는 사람들이 강의실에 꽉 들어찼다. 곧이어 나의 강의에 대한 안내방송이 이어졌고, 그보다 먼저 이곳에서 진행하는 구직자를 위한 교육 프로그램을 이수한 뒤에 취업에 성공한 사람들이 단상에 올라 자신의 성공담을 말하며 회원들에게 용기를 주는 시간이 있었다.

그런데 문제는 그 다음이었다. 취업 성공자들의 경험담에 감동을 받은 나는 1시간 남짓 되는 강의를 마치자마자 사무실로 달려가 앞으로도 강의를 해주겠다고 덜컥 약속했다.

수강생들의 열망에 찬 눈동자와 어떻게든 기회를 잡으려는 간절함에 감동을 받아 도와주고 싶었다. 재능기부라는 말 그대로, 내가 가진 재능을 통해 그들이 안정적인 삶을 이룰 수 있다면 그보다 더 보람 있는 일이 어디 있겠는가.

믿음이 가는 사람에게는
말보다 중요한 것이 있다

나는 오랫동안 강의해왔고 책으로도 펴낸 적이 있는 자기
표현의 기술을 수강생들에게 전달하면서 어떻게 하면 자신
을 기업의 구미에 맞는 인재로 어필할 수 있는지를 가르쳐
주었다.

　면접에서 인사 담당자들이 자주 하는 질문에 어떤 식으
로 답하면 좋은지, 구직자로서 그들에게 어떤 태도로 질문
을 던지면 좋은지, 첫인상을 좋게 하려면 어떻게 해야 하는
지를 일대일 트레이닝을 하는 식으로 가르쳤는데 반응이 무
척 뜨거웠다.

　나는 인사 담당자들이 자주 하는 질문과 거기에 대한 모
범답안을 만들어 상황에 따른 답변을 내 앞에서 직접 표현
하는 연습을 시켰고, 수강생들끼리 짝을 지어 묻고 대답하
는 가상 면접도 여러 차례 반복했다.

　하지만 이런 교육 방법에는 커다란 함정이 도사리고 있었

다. 수강생들은 내가 가르쳐준 대로 대답을 하게 되겠지만, 말만 잘한다고 해서 기업의 인사 담당자에게 100퍼센트 호감을 주는 건 아니기 때문이었다.

나는 남에게 언어를 전달할 때 가장 중요한 요소는 '튠 tune'이라고 생각한다. 이는 청중의 수준이나 반응에 맞게 목소리의 높낮이, 말의 속도, 말하는 내용의 수위 조절, 중간에 잠깐 멈추기 등 언어 표현의 분위기를 살리는 걸 말한다.

'tune'의 사전적 의미는 '조율하다, 주파수를 맞추다, 연주하다' 등인데, 의미 그대로다. 상대와 주파수를 맞추기 위해 입에서 나오는 말을 적절하게 조율할 필요가 있고, 그의 반응에 따라 높낮이를 조절할 필요도 있다. 여기엔 적당한 시점에 보디랭귀지나 표정이 곁들여져야 하고, 말을 멈추거나 목소리를 높이거나 하는 기술도 뒤따라야 한다.

이후 나는 열심히 훈련에 임하는데도 적절한 튠이 동반되지 않아 성공을 거두지 못하는 사람들을 대상으로 집중 훈련에 들어갔다. 효과를 높이기 위해 롤플레잉role-playing, 역

할연기, 애드리브adlib, 즉흥연기 같은 수업을 병행해서 자신감이
몸에 스며들도록 했다.

나는 이 훈련에 적어도 2년 이상 직업을 구하지 못한 사
람들만 참여하도록 자격을 제한했는데, 놀랍게도 참석자들
의 절반은 거의 5년 이상 실업자로 지내온 사람들이었다.

나는 일단 장기 실업자 12명을 선발하여 팀을 만들고, 본
격적으로 프로그램을 진행하기 전에 편안한 화제로 딱딱한
분위기를 푸는 과정인 아이스 브레이킹ice breaking 시간을 오
래 잡았다.

낯선 사람을 만났을 때 서먹서먹한 분위기를 깨뜨리는 과
정을 일컫는 아이스 브레이킹은 참석자들이 일상의 소소한
이야기나 영화, 그림 같은 공통 관심사를 나누며 유대감을
형성하고 소통하는 데 도움을 주었다.

구직자들은 오랫동안 사회와 단절되었던 사람들이라 인
간관계와 소통에 문제가 많았다. 특히 마음속 이야기를 털
어놓는데 애를 먹거나 자기만의 세계에 콕 박혀서 외부의

목소리를 듣지 않는 특징이 있었다.

하지만 아이스 브레이킹 과정에서 참석자들은 서서히 닫혔던 입을 열고 자기 생각을 피력하게 되었고, 이런 훈련이 반복되자 점차 타인과의 소통에 자신감을 갖게 되었다. 말하고 행동하는 태도에서 가식이나 과장 같은 억지스러움이 사라지고 그 사람 본연의 모습이 나타나게 된 것이다.

그런 과정이 전부 끝났을 때, 깜짝 놀랄 일이 벌어졌다. 12명의 참가자 전원이 3개월이 채 안 되어 차례로 취업에 성공한 것이다. 이에 용기를 얻은 나는 프로그램을 좀 더 세심히 검토하고 부족한 부분을 보완하면서 자선단체에 속한 사람들의 100퍼센트 취업 성공을 목표로 세웠다. 그 무렵 나는 그 단체의 대표를 만나 의기양양하게 말했다.

"수강생 12명 전원이 취업에 성공했답니다. 정말 놀라운 일이 아닙니까?"

그러자 그가 싱긋 웃으며 이렇게 대꾸했다.

"대단히 반가운 일이지만, 그래도 여전히 문제는 남아 있답니다."

설득하고 소통하는 일이
너무 힘들어서

장기간 실업자로 지내온 사람들이 그토록 원하는 취업에 성공하게 만들어줬는데 그래도 문제가 남아 있다니 무슨 말인가? 내 표정을 보고, 그가 말했다.

"그들을 직장생활에 적응할 수 있게 만드는 일이 여전히 숙제로 남아 있습니다."

처음엔 이 말의 의미를 제대로 알아듣지 못했다. 직장생활에 잘 적응하도록 만든다고? 그들이 취업에 성공만 하면 내가 할 일을 다했다고 생각했을 뿐, 나는 그 성과가 얼마나 지속될지에 대해서는 전혀 생각해보지 않았었다.

아니나 다를까, 2주가 지나자 취업자들 중에 한 사람이 돌아왔고 3주가 지나자 또 한 사람, 한 달 뒤에 또 한 사람이 돌아오더니 2개월이 지나자 전원이 다시 실업자 신세가 되고 말았다.

나는 다른 사람의 믿음을 얻는 일을 힘들어하는 사람들을 도와 훈련시켰지만 유감스럽게도 신뢰관계를 계속 유지하는 스킬이 필요하다는 사실은 전하지 않았다. 사실 내 스스로도 이 부분이 훨씬 더 중요하다는 것을 알지 못했다.

나는 인간관계에서 신뢰를 구축하고 유지하는 문제에 초점을 맞춰 전체적으로 프로그램을 다시 짰다. 당시 그곳에는 200명 정도 되는 사람들이 재취업 훈련을 받고 있었는데 그들이 공통적으로 하는 말이 있었다.

"직장에서 동료나 선배들과의 관계가 좋지 않았어요."

한마디로 말해서 인간관계에 실패했다는 뜻이다. 내가 보기에 그들은 자기의 말과 행동이 주위 사람들에게 어떻게 비칠지 모른다는 게 문제인 것 같았다.

그들은 직장에서 상사와 잘 지내는 법, 동료들과 원만한 관계를 유지하며 즐겁게 일하는 법, 자신이 잘못했을 때 순순히 인정하는 법 등 사회생활을 하면서 가장 기본이 되는 상황에 어떻게 대처해야 할지 전혀 모르는 것 같았다.

나는 이 문제를 일깨워줘야만 그들이 직장생활을 제대로 유지할 수 있을뿐더러 세상을 살아가면서 복잡하게 얽히는 인간관계도 원만하게 헤쳐나갈 수 있을 것이라고 생각했다.

그때부터 나는 이 문제를 워크숍에 핵심 과목으로 추가해서 본격적인 훈련을 시켰다. 그 결과, 수강생들은 취업에 성공할 뿐만 아니라 직장에 들어가서도 적응을 잘하는 등 문제가 순조롭게 해결되었다.

나는 그 이후에도 상담을 진행할 때마다 사람들이 인간관계 유지의 어려움에 대해 호소하는 이야기를 자주 들었다.

흥미로운 사실은, 사람들이 인간관계에서 신뢰가 중요한 문제라는 걸 알기에 이를 해결하려고 어떤 선택을 한다는 것이었다. 그런데 그 선택이라는 게 고작해야 다른 사람들과 소통하지 않아도 되거나 굳이 타인의 믿음이 필요하지 않은 직장을 구하는 식으로 도피한다는 게 문제였다.

그들은 고백하기를, 남을 설득하고 소통하는 일이 너무 힘들어서 설득이라는 말만 들어도 진저리를 친다고 했다.

그런 사람들일수록 가정과 사회적 인간관계에서 굉장히 삐 걱거리는 상황에 처하는 모습을 보여준다.

나는 이런 상황을 이 책의 바탕에 깔고, 더 신뢰할 만한 사람이 되는 데 필요한 기술뿐만 아니라 다른 사람들의 신 뢰를 유지해나가는 데 필요한 태도가 무엇인지 알려주고자 한다. 누구나 가끔씩 자신을 점검해야 할 때가 있는데, 나는 이 책을 통해 인간관계에 애로를 느끼는 당신을 위한 가이 드가 되고 싶다.

롭 졸스 Rob Jolles

Part 1

내가 나를 믿지 않으면
누구도 나를 믿지 않는다

누구나 잘못을 저지를 수는 있지만 누구나 솔직한 것은 아니다. 진실한 사람의 아름다움은 세상 그 무엇과도 비길 수가 없는데, 이때 드러나는 솔직함은 겸손이고 두려움 없는 용기다. 잘못으로 인해 부서진 것을 솔직함으로 다시 세운다면 어떤 폭풍우에도 견뎌낼 수 있는 강인함이 그에게 있는 것이다.

_ 테클라 메를로Tecla Merlo, 이탈리아의 수녀

왜 거래처들이
내 말을 믿지 않을까?

대학에서 세무회계학을 전공한 뒤 졸업과 동시에 회계사 시험에 합격하고, 고향으로 돌아가 회계 사무소에 취업한 맥킬리 버건은 20대 후반으로 접어들면서 나름 꽤 안정적인 삶을 살아가고 있었다.

그가 하는 일은 기업의 세무회계 문제를 자문해주는 것인데, 이는 기업의 재정 흐름이나 경영 전략과 긴밀히 연결된 사항이기 때문에 그의 역할이 아주 중요했다. 그의 판단과 조언에 따라 많게는 수백만 달러가 왔다 갔다 할 수 있기 때문이었다.

그는 탄탄한 세무회계 지식을 바탕으로 기업의 자문 요구에 성실히 임했는데, 회사도 그가 착실하다는 사실을 인정하고 있었다. 가끔 내향적인 성격이나 추진력이 약하다는 말을 듣지만, 스스로 생각해볼 때 성실함을 훼손할 정도는 아니라고 여겼다.

맥킬리는 오늘도 언제나처럼 일찍 출근해서 하루 스케줄을 훑어보는 것으로 일과를 시작했다. 오전에 철강 회사와 미팅이 있고, 오후엔 회사에 소속된 회계사들과의 업무 회의가 있을 예정이다. 항상 해오던 일이니 특별히 준비할 일도, 걱정할 것도 달리 없었다.

그는 오전 미팅을 위해 인터폰으로 총무부에 연락해서 관련 서류를 전해달라고 요청했다. 처음 접하는 회사이니 회계 자료 검토는 필수였다.

그런데 잠시 후 팀장에게서 연락이 왔다. 회사 임원의 지시로 갑자기 담당자가 바뀌었다는 것이었다. 이런 일이 가끔 있다. 회계사들끼리의 업무 조정으로 인해 갑자기 담당자가 바뀌는 경우 말이다.

맥킬리는 갑자기 비어버린 오전 스케줄에 여유를 느끼면서도 문득 뭔가 이상하다는 생각이 들었다. 요즘 들어 이런 식으로 스케줄이 일방적으로 변경되는 경우가 종종 있었다.

얼마 전에는 오랫동안 준비했던 상담에서 제외되고 다른

회계사가 대신한 것을 알게 되었다. 팀장에게 이유를 물으니 별일 아니라는 듯이 얼렁뚱땅 웃어넘길 뿐이었다. 그때까지만 해도 마음에 담아두지 않았는데 곰곰이 생각해보니 이상한 일이 한두 가지가 아니었다.

언젠가부터 그에게 부여되는 회계 상담 건수가 절반 이하로 줄어들었다. 이는 다른 말로 하면 회사에 나와 그냥 놀고 먹는 날이 많아졌다는 뜻이다. 왜 진즉 이상한 낌새를 알아채지 못했을까?

의문의 답을 찾는 데는 그리 많은 시간이 걸리지 않았다. 그날 오후에 있었던 업무 회의에서 팀장이 임원 회의의 결정이라며 맥킬리에게 당분간 업무 배제를 명령했기 때문이다. 그날 오후, 상무가 임원실로 부르더니 청천벽력 같은 말을 전했다.

"기업들이 당신과 일하기 힘들다고 불만을 터뜨리는 일이 잦아. 무슨 말인가 하면, 당신을 믿지 못하겠다는 거야!"

그러면서 상무는 자신감과 열정이 부족한 그의 태도를

지적했다. 거래 기업들에게 자신의 실력을 충분히 피력하지 못하는 소극적인 모습으로 일관하는 상담 태도도 문제 삼았다.

맥킬리는 쇠망치로 뒤통수를 얻어맞은 것 같았다. 나를 믿을 수 없다고? 그는 도무지 이해가 되지 않았다. 조금 내향적인 성격이긴 해도 정말 열심히 일해왔는데 왜 나를 믿지 못하겠다는 걸까? 나의 어떤 면이 사람들과의 사이에 불신의 벽을 쌓게 만들었을까? 맥킬리는 아무리 생각해봐도 답을 찾을 수 없어 답답하기만 했다.

지금은 나 자신을 믿는
준비와 연습이 필요한 때

이 책에서 가장 중요한 키워드는 '너 자신을 믿어라!'이다. 스스로를 믿지 않는데 다른 사람이 나를 믿어주는 건 불가능하다. 그래서 이 책의 첫 번째 챕터를 '자신을 신뢰하는 법'에 관한 이야기로 구성했다.

우리는 "무엇인가를 간절히 바라면 반드시 이루어질 거야!"라는 말을 자주 듣는다. 예를 들어 스포츠 경기에서 이런 말이 자주 나오는데, 어떤 팀이 큰 경기에서 이기면 감독은 이렇게 말하곤 한다.

"우리 팀이 상대 팀보다 더 간절히 승리를 원했다!"

어찌 보면 다른 사람들보다 더 간절하게 원하는 게 올바

른 답을 구하는 길로 보이지만, 나는 이 말에 동의하지 않는
다. 다른 사람들보다 더 많이 원하는 것만으로 성공할 수 있
고 행복할 수만 있다면 얼마나 좋을까? 하지만 세상은 그렇
게 마음대로 되지 않는다.

  그렇다고 오해는 하지 마라. 무엇인가를 절실히 원하는
게 아무짝에도 쓸모없는 일이라는 건 아니다. 상대 팀보다
더 간절히 원하면 그것이 자신에게 더 강력한 동기부여를
제공할 테고, 그것이 승리를 부르는 이유 중 하나가 되는 건
분명한 사실이다.
  내 이야기는, 그것이 너무 과도하게 강조되고 있다는 뜻
이다. 나는 젊은 시절에 여러 스포츠 팀에서 심리 코치로 일
했었는데, 어느 팀이 승리를 거두었을 때 그것이 간절히 소
망한 결과라고 볼 수 있는 경우는 거의 없었다.

  경기가 끝난 뒤에 패배한 팀의 라커룸에 가보면 그들도
승리한 팀 못지않게 간절히 승리를 원했었다는 사실을 알
수 있다. 정답은 간단하다. 승리한 팀은 그들보다 더 열심히

준비하고 연습했으며, 영리하게 경기 운영 계획을 짰기에 성공적으로 시합을 치를 수 있었다. 어쩌면 운이 더 좋았을 수도 있지만, 그게 전부는 아니다.

내가 보기에 승리한 팀이 패배한 팀과 분명히 다른 점은 그들 스스로가 이긴다는 사실에 추호도 의심하지 않았다는 것이다. 그들은 승리가 당연한 듯이 말하고 행동했다.

이 같은 현상은 우리가 가장 중요하게 여겨야 할 가치가 바로 '자신을 확고하게 믿는 것'이라는 사실을 말해준다. 나는 당신이 이 말의 의미를 이해한다면 인생을 변화시킬 중요한 깨달음을 얻는 것이라고 믿는다.

한 번이라도 난관에 부딪쳐 본 적이 있는 사람이라면 누구나 가족, 친구, 또는 동료들로부터 '너 자신을 믿으면 되는 거야!'라는 격려의 말을 들어봤을 것이다. 그게 말처럼 쉽다면 얼마나 좋을까. 그런 말을 듣는다고 해서 금세 자신을 믿게 되는 건 아니다. 자신을 믿는 데는 준비와 연습, 그리고 실제적인 행동이 요구된다. 지금부터 그 내용을 살펴보자.

1. 온 마음을 다해 자신의 신념을 지켜라

자신을 믿지 않는 사람들을 보면, 자기 자신에 대한 불신이 얼마나 확고한지 깜짝 놀랄 정도다. 성공하려면 자기 자신을 믿는 게 논리적으로 타당할 뿐더러 의지만 있다면 아주 쉬운 일인데도 어떤 사람들은 스스로에 대해 잔인할 만큼 냉정하다.

하지만 지금 자신감이 바닥까지 떨어진 사람들조차 어린 시절을 돌아보면 장래 희망인 소방관이나 우주비행사 같은 직업을 반드시 이룰 거라고 굳게 믿었을 것이다. 어른이 되자 그런 순수한 믿음이 퇴색해버린 이유는 무엇일까?

성공하기 위해서는 무엇보다 먼저 자신이 그런 존재가 될 수 있다고 믿어 의심치 않아야 된다. 소방관처럼 행동하고, 우주비행사처럼 말해야 한다. 그렇게 되면 다른 사람들이 당신을 믿게 만드는 건 훨씬 쉬워진다.

대충 믿는 척을 해서는 안 된다. 전력을 다해 자신을 믿기로 결심하고, 그 믿음을 온 힘을 다해 지켜내야 한다. 만약 그렇게 하지 못하면 '다람쥐 증후군 Squirrel Syndrome'이 나타날 수도 있다.

다람쥐는 빠르고 힘이 세며 무척 영리한 동물이다. 하지만 다람쥐에겐 약점이 하나 있다. 그건 바로 우유부단한 성격이다. 우리는 다람쥐의 비극적인 결함을 고속도로에서 쉽게 확인할 수 있다.

자동차를 타고 고속도로를 달리고 있는데 저 멀리 아주 작은 점 같은 게 보인다. 처음엔 콩알만하게 보이다가 이윽고 눈에 들어온 녀석은 바로 다람쥐다. 녀석은 고속도로 한가운데로 쏜살같이 뛰어들었고, 건너편으로 달려나갈 시간은 아직 충분하다.

그런데 조짐이 이상하다. 다람쥐가 자신의 결정을 의심하기 시작한 것이다. 자동차와 다람쥐 사이의 간격이 점점 줄어들고 있는데, 녀석은 어쩌면 지금은 길을 건너기에 마땅한 때가 아니라고 생각한 모양이다. 그래서 다람쥐는 처음 출발 지점으로 재빨리 돌아가기로 결정한다.

운전대를 잡고 있는 나는 '다람쥐야, 일단 결정했으면 제발 그냥 그대로 밀고 나가!' 하고 중얼거린다. 그 순간 다람쥐는 마치 내 말을 듣기라도 한 것처럼 원래대로 그냥 길을 건너기로 다시 마음을 바꾼다.

처음엔 충분하다고 생각한 시간이 이제는 확 줄어들었지만 자동차가 속도를 늦추지 않더라도 다람쥐가 성공할 가능성은 아직 남아 있다. 다시 자신의 결정에 의문을 품지 않는다면 말이다.

하지만 바로 그 순간 다람쥐는 너무 당황한 나머지 오른쪽으로 갈지, 왼쪽으로 갈지 정하지 못하고 그만 길 한가운데 우뚝 서고 만다. 안타깝지만 우리가 충돌을 피하려고 브레이크를 밟았을 때에도 아마 다람쥐는 자신의 마지막 결정이 옳은지 고민하고 있었을 것이다.

우리는 다람쥐의 행동을 통해 큰 교훈을 얻는다. 자기 자신을 신뢰하는 문제에서 우리가 택할 수 있는 경우의 수는 단 두 가지뿐이다. 믿을 것인가, 말 것인가.

우리는 둘 중에 무엇을 선택할지 결정만 하면 된다. 하지만 우리는 종종 하나의 결정을 고수하지 못하고 우왕좌왕한다. 내 사무실에는 미국의 저명한 교육자 존 셰드 John A. Shedd 가 남긴 유명한 명언이 걸려 있다.

"항구에 정박해 있는 배는 안전하다. 그러나 그것이 배가 존재하는 이유는 아니다."

폭풍우가 몰아치는 거친 바다보다 방파제로 둘러싸인 항구에 머무는 배가 훨씬 더 안전할 것이다. 하지만 배를 만든 목적은 항구에 묶어두기 위한 게 아니다. 인생 역시 마찬가지다. 삶의 목적은 안전이나 안일이 아니라 모험과 도전이다.

당신이 고속도로 위의 다람쥐라고 가정해보자. 당신은 더 이상 머뭇거리고 싶지 않다는 생각에 앞으로 나아간다. 내면의 목소리가 믿음을 가지고 건너편 도로를 향해 용감하게 달려가라고 말한다.

그런데 결정하고 행동할 시간이 다가오자 또 다른 목소리가 들린다. '위험할지 모르니 한 발 물러서서 그 결정에 대해 다시 한 번 생각해봐!'

어디 다람쥐뿐이겠는가. 우리는 커다란 위험을 감수하더라도 성취감을 느낄 만한 일을 선택하고 싶으면서도 실패를 우려해서 좀 더 안전한 위치를 찾으려고 할 때가 많다.

하지만 우리들은 도전과 안전이라는 두 가지 문제를 앞에 놓고 갈등하다 고속도로 위의 다람쥐처럼 아무 결정도 내리지 못하고 최악의 상황에 빠질 때가 많다. 숨을 곳 하나 없는 길 한복판에서 말이다.

물론 당신의 결정을 도와줄 다양한 옵션이 있다. 예를 들면 다른 사람들의 조언을 구할 수도 있고, 직접 조사를 해볼 수도 있고, 다른 사람들이 선택하는 방법을 참고할 수도 있다.

문제는 이런 식으로 궁리만 거듭하면서 우왕좌왕하면 아무 결정도 내리지 못했던 출발점으로 되돌아간 자신을 발견하게 된다는 점이다. 말 그대로 원점으로의 회귀다.

주변을 돌아보라. 그 어떤 결정도 내리지 못하고 원점에서 오락가락하는 사람들이 얼마나 많은가? 제발 그런 사람들 속에 당신이 포함되지 않기를 바란다.

한 번 내린 결정을 밀어붙이는 일은 고속도로 위의 다람
쥐 이야기에서 본 것처럼 무척 어려운 일이다. 하지만 일단
길을 건너고 나면 장차 어떤 고난이 기다린다 해도 용기 있
게 내린 그 결정은 온전히 당신 것이 된다.

일단 자신을 믿고 용기를 끌어모아 그 결정을 신뢰하면,
당신이 앞으로 어느 부분에 노력을 기울여야 할지에 좀 더
집중할 수 있다. 그러면 성공할 가능성이 훨씬 더 높아질 것
이고, 그것이야말로 존 셰드의 말처럼 당신이 세상에 존재
하는 이유다.

2. 자신에게 실패할 기회를 허용하라

나는 미지의 세계에 도전하고, 남들이 힘들어하는 일을 시
도해보는 걸 좋아하는데 승부욕이 강한 탓인지 남에게 지고
는 못 산다. 특히 이도 저도 아닐 때는 정말 실망스럽다. 아
무것도 시도하지 않을 때는 더욱 그렇다.

지난날 당신이 이룬 가장 뛰어난 성과들을 떠올려보라.

실패에 대한 위험 부담 없이 그런 성과를 얻은 경우는 거의 없을 것이다. 성과가 클수록 실패에 대한 위험도 그만큼 더 크다는 점에 당신도 동의할 것이다.

　누구라도 살면서 크고 작은 실패를 경험한다. 그 실패로 인해 바닥까지 추락한 경우가 있을지 모른다. 실패에 대한 두려움 때문에 한 발짝도 앞으로 나아가지 못한 때도 있을 것이다.

　나는 성공이란 말을 실패까지도 용감하게 받아들이는 의미로 규정해야 한다고 생각한다. 승패와 관계없이 도전하고 시도하는 과정에서 기울인 노력에 보다 큰 의미를 부여한다면 무슨 일이 벌어질까? 장담하건대, 틀림없이 훨씬 더 많은 승리를 경험할 테고 게다가 그 성공은 더 큰 자신감으로 이어져 자신에 대한 믿음이 더 견고해질 것이다.

　영국의 신학자 윌리엄 워드William Ward는 이런 말을 남겼다.

　"성공자란 성공하겠다고 결심하고 열심히 일한 사람을 일컫는다. 반면에 실패자란 성공하겠다고 마음먹고 공상만을 일삼았던 사람을 일컫는다. 고질적인 실패자는 무엇이든 결정하지 않고 막연히 때가 오기만을 기다린 사람이다."

어린 시절 우리는 무슨 일이건 최선을 다하면 당연히 성공할 거라고 믿었다. 시도를 두려워하지 않았고, 이기거나 지는 것과는 상관없이 그 일을 통해 뭔가를 배웠다면 성공한 거라고 생각했다.

그때는 우리가 시도할 때마다 스스로에 대한 믿음이 확고해질 뿐더러 실력도 향상되었다. 그런데 어른이 되면서 이런 생각은 자취를 감춰버렸다.

자신을 믿어야 어떤 시도라도 해볼 수 있다. 최악의 결과라고 해봤자 실패하는 일뿐이고, 바로 거기서 같은 결과를 초래하지 않게 다른 수단을 강구할 수 있다.

새로운 것을 시도하려는 용기와 의지가 있다면 결국 지금까지와는 비교할 수 없는, 자기 자신에 대한 믿음이라는 큰 성공을 이뤄내는 것이다. 그러니 자기 자신에게 시도하고 실패할 기회를 허용하자. 이것이 이 세상 모든 성공자들이 밟았던 첫 걸음이다.

"아직, 지난번 일도
못 끝냈는데..."

"이걸 정말 할 수 있을까?"

"그래, 결정했으면 한번 해보자!"

"일단은 제가 판단한 대로
일을 진행해보겠습니다!"

3. 타인의 눈으로 자신을 보라

우리는 다른 사람들이 보는 내 모습을 볼 수가 없다. 의심은 이렇게 자신을 객관적으로 바라볼 수 없기 때문에 생기는 감정이다. 대부분의 의심은 다양한 이유들이 복합적으로 작용해서 생기기 때문에 복잡하게 얽힌 이유들을 하나씩 떼어놓고 보면 괴물같이 덩치가 컸던 의심도 아주 작은 모습을 드러낼 것이다.

아티스트들은 자신의 작품을 평가할 때 한동안 작품을 뚫어져라 보기도 하고, 작품 옆으로 지나쳐 걸으며 곁눈질로 보기도 한다. 이를 객관화 작업이라 부르는데, 말하자면 제삼자의 시선으로 자기 작품을 본다는 뜻이다.

내 아내도 그림을 그리는 아티스트인데, 아내가 가장 좋아하는 작품 평가 방법은 작품을 들고 집 안에 있는 가장 큰 거울 앞에 서는 것이다. 아내는 거울 앞에 그림을 세워놓고 마치 그 작품을 처음 보는 것처럼 진지한 표정을 짓는다.

사실 거울에 비치는 자신의 작품은 아내에게 낯설다. 이

미지가 반대로 보이기 때문인데, 그러면 작품을 완전히 다른 각도에서 볼 수 있게 된다.

카메라를 활용하는 방법도 있다. 아내는 작품을 디지털 카메라로 찍어서 프린터로 출력하거나 컴퓨터 화면으로 본다. 작가가 자신의 작품을 사진으로 보는 게 무슨 의미가 있을까 싶겠지만, 아내는 평소에 느끼지 못한 부분을 관찰자의 입장에서 바라보면 뭔가 다른 점을 발견할 수 있다고 한다.

대부분의 사람들은 타인의 시각으로 자신을 바라보지 못하는데, 이는 때로 성공을 방해할 만큼 거대한 걸림돌이 될 수 있다. 자기 세계에 매몰되어 객관적인 판단을 내리지 못하기 때문이다.

이 문제에 주목한 세계적인 사무용품 기업 제록스Xerox는 신입사원을 대상으로 하는 2주짜리 교육 프로그램에서 고객과 전화로 상담하는 모습을 녹화해서 보여준다. 이때 교육 담당자들은 수습직원의 외모, 제스처, 얼굴 표정 같은 개인적인 특징에 대해서는 거의 코멘트하지 않는다.

　그 대신 매일 밤 직원 스스로가 자신의 태도에 대해 평가하고, 그에 대한 피드백을 작성해서 다음날 제출하게 한다. 신입사원들은 비디오를 통해 보이는 자신의 모습을 이전과는 아주 다른 관점으로 생각하게 된다. 이처럼 스스로 행하는 객관적인 피드백은 그 어떤 교육 훈련보다 훨씬 강력한 힘이 있다고 제록스의 교육 담당자들을 말한다.

4. 자기 불신의 늪에서 벗어나 자기 신뢰의 길로

우리는 스스로를 평가하는 데 매우 인색하다. 그만큼 자신에게 친절하지 않다는 얘기다. 자기 자신을 그렇게 저평가해서 얻어지는 건 무엇일까? 이것은 '자기'라는 상품을 세상이라는 시장에 값싸게 내놓는 것이나 다름없다.

　생각해보라. 세상은 당신에 대해 전혀 알지 못하는데, 스스로를 값싼 물건처럼 마치 길바닥을 뒹구는 휴지 조각으로 취급한다면 어떻게 될까? 필경 사람들의 구둣발에 짓밟히는 신세가 될 것이다.

　이제부터는 부정적인 피드백에 눈길을 돌리는 태도를 버리고 긍정적인 시선으로 자신을 바라보는 습관을 갖자. 자신의 능력을 높이 평가하고 무한한 가능성이 있다고 격려하자.

　다른 사람들은 쉽게 발견하는 긍정적인 부분을 자기 혼자만 모르고 있다면 어떻게 될까? 얼마나 많은 사람들이 자신에 대한 평가에 인색하여 스스로의 발전 가능성을 싹둑 잘라버리는지를 알면 깜짝 놀랄 것이다.

　자기 삶을 바라보는 눈을 무조건적으로 관대하게 만들라는 게 아니라 자신에 대한 평가에 균형 감각을 유지하라는 것이다. 이런 태도가 성공하는 삶에 얼마나 중요한지는 수많은 성공자들이 입을 모아 증언하고 있다. 자기 불신의 늪에서 벗어나 자기 신뢰의 길에 접어드는 일이 성공하는 삶의 지름길임을 잊지 말자.

5. 내면의 부정적인 목소리를 통제하라

마음으로부터 부정적인 목소리가 들려오기 시작하면, 그리고 그 목소리에 휘둘리기 시작하면, 그때부터는 누구라도 내리막길을 피할 수 없다. 부정적인 목소리는 악성 세균이 감염을 시키려고 호시탐탐 기회를 노리듯이 우리가 약점을 드러내기를 기다렸다가 자기 자신에 대한 믿음을 가차 없이 허물어버린다.

부정적인 목소리는 처음엔 미처 눈치채지 못할 정도로 야금야금 스며들지만 한 번 무너지기 시작하면 걷잡을 수가 없다. 이럴 때는 어떻게 해야 할까?

영화배우 러셀 크로우Russell Crowe는 1994년에 노벨 경제학상을 수상한 미국의 수학자 존 내시Johh F. Nash의 실제 이야기를 다룬 영화 〈뷰티풀 마인드A Beautiful Mind〉에서, 정신분열증을 겪는 주인공이 이를 극복해나가는 과정을 열정적으로 보여준다.

그는 자신에게만 보이는 환상에 대해 질문을 받았을 때,

환상의 고통에서 완전히 벗어났다고 답하지 않고 대신 이렇게 말했다.

"나는 그런 환상을 무시하는 데 익숙해졌고, 그 결과 환상도 나를 포기한 것 같습니다. 우리의 희망이나 절망도 비슷하다고 생각합니다. 계속 그렇게 생각하고 싶다면, 그 생각이 잘 자랄 수 있도록 지속적으로 재료를 공급해줘야죠."

나를 무너뜨리려는 환상의 실체를 인정하면서 찬찬히 자기 자신을 다독이는 태도를 유지하면 못된 환상은 더 이상 나를 어쩌지 못한다는 뜻이다. 그러니 부정적인 목소리가 들릴 때마다 그것을 통제하기 위해 스스로에게 이렇게 말해주면 어떨까?

"누구나 비틀거릴 수 있고, 문제를 풀지 못할 수도 있고, 길을 잃을 수도 있고, 좌절감이나 외로움, 불안함을 느낄 수 있어. 그러니 흔들리지도 말고, 비틀거리지도 말고, 네 갈 길을 묵묵히 걸어가. 그게 네가 할 일이야!"

6. 자신에게 보내는 축하를 내일로 미루지 마라

자신에게 도전하고 실패할 기회를 허용하고, 타인의 시각에서 자신을 보도록 노력하고, 자신에 대한 피드백을 주면서 균형 감각을 유지하고, 부정적인 내면의 소리를 통제하는 모든 과정을 적용하다 보면 한두 번쯤 실수할 수 있다.

솔직히 자신을 믿기 위해 아무리 애를 쓴다 해도 쉽게 성공하는 경우는 흔치 않기 때문에 축하할 일이 별로 없어 보일 것이다. 하지만 자신에게 축하할 일이 별로 없는 것처럼 보일 때야말로 축하가 더욱 중요하다.

힘든 노력으로 이뤄낸 작은 승리들을 마음을 다해 축하하는 것이야말로 자신에게 보내는 최고의 응원이다. 크건 작건 자신의 승리에 축하의 박수를 보냈던 기억을 되살려보라. 그 결과 당신은 더 강해졌는가, 아니면 더 약해졌는가?

제발 자신에게 축하할 일이 없다는 말은 하지 마라. 그것은 당신 내면의 부정적인 목소리가 말하는 것일 뿐이다. 아무리 큰 난관에 부딪쳤다 해도 축하하고 칭찬할 만한 일들은 많다.

이쯤에서 도전을 멈추지 않겠다는 결심을 유지하려고 노력하는 자신의 태도를 칭찬해주면 어떨까? 아니면 그동안 자신이 쏟아부은 노력을 칭찬해주면 어떤가? 성공을 위해 노력하다 만난 불편한 상황을 감수한 용기를 인정해주면 또 어떨까?

실수를 통해 배운다는 원칙을 지키는 자신에 대해, 그리고 목표를 이루기 위해 계획대로 차근차근 실천하고 있는 자신에게, 결과와 관계없이 경의를 표하는 건 어떨까?

우리가 힘든 것은 먹을 것이 부족해서가 아니라 기쁨이 부족해서라는 말을 잊지 말자. 그리고 그 기쁨은 외부에서 제 발로 찾아오는 것이 아니라 당신 스스로 만들어내는 것임을 잊지 마라.

당신이 다른 사람들의 믿음을 얻고 싶다면, 먼저 당신이 스스로를 믿어야 한다. 이런 일을 가능하게 하는 첫걸음이 바로 자기에게 보내는 축하다. 당신의 마음은 당신의 가장 강력한 지지자다. 의심의 씨앗이 자랄 틈을 주지 마라. 믿음이 당신의 마음속에 완전히 뿌리내리게 하라.

☑ 자기 자신을 신뢰하기 위해
꼭 해야 할 일

① 온 마음을 다해 자신의 신념을 지켜라

행복이나 성공을 위해서는 무엇보다 먼저 당신이 그런 존재가
될 수 있다고 스스로를 믿어 의심치 않아야 된다. 대충 믿는
척을 해서는 안 된다. 전력을 다해 자신을 믿기로 결심하고, 그
믿음을 온 힘을 다해 지켜내야 한다.

② 자신에게 실패할 기회를 허용하라

성공자란 성공하겠다고 결심하고 열심히 일한 사람을
일컫는다. 반면에 실패자란 성공하겠다고 마음먹고 공상만
일삼았던 사람을 일컫는다. 고질적인 실패자는 무엇이든
결정하지 않고 막연히 때가 오기만을 기다린 사람이다.

③ 타인의 눈으로 자신을 보라

대부분의 의심은 여러 이유들이 복합적으로 작용해서 생기기
때문에 그것들을 하나씩 떼어놓으면 괴물같이 덩치가 컸던
의심도 작은 모습을 드러낼 것이다. 바로 이럴 때 자기만의
관점에서 벗어나 전혀 다른 시각으로 상황을 들여다보는 게
도움이 된다.

❹ 자기 불신의 늪에서 벗어나 자기 신뢰의 길로

얼마나 많은 사람들이 자기 평가에 인색하여 스스로 발전 가능성을 싹둑 잘라버리는지 알면 깜짝 놀랄 것이다. 자신에 대한 평가에 균형 감각을 유지하는 것이 성공하는 삶에 얼마나 중요한지는 수많은 성공자들이 입을 모아 증언하고 있다.

❺ 내면의 부정적인 목소리를 통제하라

내면의 목소리에 휘둘리기 시작하면 그 다음은 누구라도 내리막길을 피할 수 없다. 부정적인 목소리는 세균이 상처를 감염시키려고 기회를 엿보듯이 우리가 약점을 드러내기를 기다리다가 자신에 대한 믿음에 가차 없이 손상을 입힌다.

❻ 자신에게 보내는 축하를 내일로 미루지 마라

다른 사람들의 믿음을 얻고 싶다면, 먼저 당신이 스스로를 믿어야 한다. 이런 일을 가능하게 하는 첫걸음이 바로 자기에게 보내는 축하다. 당신의 마음은 당신의 가장 강력한 지지자다. 믿음이 당신의 마음속에 완전히 뿌리내리게 하라.

Part 2.

걱정과 두려움을
힘껏 걷어차라

만일 등이 굽지 않았고 두 발로 걸어 다닐 수 있다면, 두 팔을 사용할 수 있고 두 눈으로 볼 수 있으며 두 귀로 들을 수 있다면, 당신은 누구도 부럽지 않다. 왜 우리는 다른 것들을 부러워하면서 우리가 가지고 있는 것들에 대해서는 소홀히 하는 것일까? 눈을 똑바로 뜨고 마음을 비워라. 그런 다음 당신을 사랑하라. 삶은 그것으로 충분하다.

_ 알렉산드르 솔제니친Aleksandr Solzhenitsyn, 러시아 소설가

왜 두려움이 매번
그를 집어삼킬까?

올해 서른 살인 마크 크레인은 이번에도 취업 면접에서 쓴 잔을 마셨다. 올해 들어 벌써 몇 번째인지 셀 수조차 없다. 이러다가는 평생 실업자로 썩을지도 모른다는 걱정이 앞선다.

이제는 면접을 위해 인사 담당자를 만나는 순간 이미 자신이 불합격이라는 사실을 알 정도다. 그를 본 인사 담당자들이 첫눈에 미간을 찌푸리고 입술을 씰룩거리며 마음에 안 든다는 표정을 짓기 때문이다.

솔직히 말해서 마크는 그런 대접을 받을 정도로 변변찮은 인물은 아니다. 미국 중서부에 위치한 유명 대학에서 심리학을 전공했으니 학력도 남에게 뒤지지 않을 만큼 되고, 성격도 조용하고 침착해서 주위에 그를 특별히 싫어하는 사람도 없었다.

그런데도 왜 기업의 인사 담당자들은 그를 보면 하나같이 머리를 흔드는 것일까? 머리에 뿔이 달린 것도 아니고 상스럽게 말을 뱉거나 태도가 불량한 것도 아닌데 왜 약속이나 한 듯이 차갑게 외면하는 것일까?

한 번은 한 기업의 인사 담당자가 마크에게 이런 말을 했다.

"우리는 영업직 사원을 뽑는데, 당신은 그 분야와는 적성이 맞지 않는 것 같군요."

마크는 차마 그 이유를 묻지도 못하고 서둘러 그 회사를 도망치듯 빠져나왔다. 집에 돌아와 한동안 고민에 빠졌던 마크는 생각다 못해 성공 컨설턴트의 사무실을 찾았다. 자초지종을 들은 컨설턴트는 혀를 차며 이렇게 말했다.

"대화를 나누는 동안 당신은 나와 한 번도 시선을 맞추지 않는군요."

그의 말이 맞았다. 그는 다른 사람들과 이야기를 나눌 때 시선을 피하는 습관이 있었다. 자신도 왜 그러는지는 몰랐지만 누군가와 얼굴을 맞대고 말을 하면 숨이 콱 막히는 느낌이었다.

이런 느낌은 어릴 때부터 트라우마처럼 그를 집어삼켜 남과 이야기를 하면 자신도 모르게 고개를 숙이거나 외면하는 습관이 몸에 박혀 있었다. 컨설턴트는 말했다.

"그런 습관을 뜯어고치지 못하면 취업은커녕 다른 사람들과도 절대 원만한 인간관계를 맺을 수 없을 겁니다."

사실 이런 충고를 한두 번 들은 게 아니다. 그래서인지 연애 한 번 제대로 해본 적이 없고 친구도 별로 없었다. 낯선 사람에 대한 막연한 두려움과 인간관계가 깊어질수록 뒷걸음질을 치는 습관은 불치병처럼 가슴에 자리하고 있었지만 아무리 노력해도 잘 고쳐지지 않았다.

"그 막연한 두려움을 스스로 깨야 합니다. 누구도 대신해 주지 못하니 당신이 그 벽을 깨고 나와야 합니다."

컨설턴트는 그가 지금까지 100번도 더 들어온 말을 반복했다. 30년 가까이 넘지 못한 한계선을 당장 뛰어넘으라는 그의 말이 마크의 가슴에 어떤 메아리도 남기지 못하는 건 당연했다.

　마크도 노력하지 않은 건 아니었다. 내가 먼저 마음의 문을 열고 다른 사람들에게 다가서는 방법을 알려주는 심리학 책도 수십 권 읽었고, 관련 세미나도 부지런히 쫓아다녔지만 소용없었다.

　세상에 대한 막연한 두려움에 사로잡혀 살아가는 마크 크레인이라는 영혼은 영원히 구제받을 수 없는 것일까? 이런 물음표를 수없이 던지며 그는 오늘밤도 뜬눈으로 지새우고 있다.

두려움은
습관일 뿐이다

—

자존심을 지키려고 애를 쓰다 보면 나를 짓누르기 위해 몰려드는 쓰나미 같은 상황에 문득 두려움이 엄습할 때가 있다. 한 번 압박감을 느끼면 두려움은 걷잡을 수 없이 커지고, 거기서 도망치고 싶은 생각이 걷잡을 수 없이 나를 사로잡는다.

하지만 어떤 형태의 두려움이라도 건설적인 대응 방안은 있게 마련이다. 성공자들은 이런 상황에 어떻게 대처했을까?

이제부터 몇 가지 두려움을 예로 들고, 그것을 극복하는 방법을 알아보자. 그러면 결국 우리의 두려움이 유언비어나 오해, 소통에 장애가 되는 사소한 요소에 불과하다는 사실을 알게 될 것이다.

1. 도망치지 말고 당당히 마주하라

최근에 참석해야 할 모임이 너무나 불편하고 긴장되어 그 자리에 가지 않아도 될 이유를 찾기 위해 열심히 궁리해본 적이 있는가? 상대하기 껄끄러운 사람이 있어 아예 도망칠 생각을 하지는 않았나?

누구나 마음속에서 상황이 자신에게 불리하다고 말하는 목소리가 맴도는 경험을 한다. 이 목소리는 그냥 약속 장소에 나가지 말고 멀찌감치 도망치는 게 상책이라고 열변을 토하는데, 우리는 어쨌든 이 목소리와 싸워야 한다.

나도 얼마 전 이 목소리와 한바탕 실랑이를 벌였다. 나는 몇 년 전부터 출전해오던 3.2킬로미터 수영 대회에 올해도 참가 신청을 했다. 예전에는 열심히 훈련했기 때문에 경기가 그리 힘들지 않았고, 성적에 대한 기대감도 컸다.

하지만 올해는 달랐다. 나는 이번엔 힘들 거라는 사실을 알고 있었다. 대회 날짜가 다가오자 자꾸 속이 메스꺼웠다. 독한 감기에 걸린 듯이 몸이 무거웠다. 두려움 때문이었다.

충분히 훈련하지 못해서 생긴 걱정이 너무 컸던 것이다.

이런 상황이 되면, 대부분의 사람들은 자연스럽게 나와 똑같은 반응을 보인다. 대회에 나가지 않는 게 좋겠다고 자신을 설득하는 것이다. 꼭 참가할 이유가 있는가? 분명히 결과는 형편없을 테고, 그런 성적에 실망한 나머지 나 자신을 책망하게 될 것이다.

대회에 참가하지 않는 쪽으로 마음이 점점 기울어졌다. 대회에 출전하지 않으면 경기를 못해 실망할 필요도 없으니 그게 최선일 것이다. 나는 그럴듯한 핑곗거리를 한가득 모아놓고 그게 제일 합리적인 선택이라고 나를 설득했다.

그런데 그 모든 핑곗거리를 다 걷어내고 보면 참가하지 않는다는 말은 포기한다는 뜻이었다. 나는 포기라는 말을 몹시 싫어한다. 마음이 몹시 무거웠다.

까다로운 고객에게 전화를 해야 하거나 어려운 문제를 풀어야 하는 상황, 또는 빠지고 싶은 미팅에 참석해야 하거나 많은 준비가 필요한 행사에 참여하는 일이 당신에게도 일어

날 수 있다. 이렇듯이 누구나 살면서 겪게 되는 불편한 순간
들이 있다. 그때 어떻게 대처해야 할지 내게 묻는다면, 이렇
게 답하겠다.

"일단 약속 장소에 나가라. 이를 당신을 작동시키는 주문
으로 만들어라."

나는 시합이 있는 전날 아침까지도 수영 대회에 출전할
지 말지 결정하지 못했다. 하지만 경기가 진행되는 동안 따
뜻한 침대에 누워 잠이나 자는 식으로 비겁하게 도망치거나
포기하지는 않았다.

대회 전날 밤, 나는 가방을 챙기고 알람을 새벽 6시에 맞
춰놓았다. 그리고 일단 대회장에 나가 해변에 섰을 때 물에
뛰어들 마음이 들지 않으면 출전하지 않겠다고 마음먹었다.

다음 날 아침, 나는 대회장으로 나갔고 한 치의 망설임 없
이 물에 뛰어들었다. 훈련 부족으로 쉽게 지치고, 물은 차가
웠으며, 몇 번이고 다른 선수들에게 이리저리 치였지만 일단
물에 들어가고 나니 경기를 그만둘 생각은 전혀 들지 않았다.

대회를 완주한 것에 특별한 의미가 있었다고 말하고 싶지만 사실은 그렇지 않았다. 현실에서는 준비가 턱없이 부족했기에 거의 꼴찌 수준으로 간신히 마칠 수 있었다.

하지만 나는 한 번 포기하기 시작하면 다음에 두렵거나 긴장되는 일이 생겼을 때 다시 포기할 가능성이 높다는 사실을 알고 있다. 패할지도 모르는 불리한 경기를 앞두고 있는데 맥없이 수건을 던지며 기권하는 복싱 선수는 되고 싶지 않았던 것이다. 영화감독 우디 앨런Woody Allen은 이렇게 말했다.

"내가 거둔 성공의 80퍼센트는 일단 촬영 현장에 나가는 것에 달려 있었다."

2. 한 걸음 더 바짝 다가서라

중요한 프레젠테이션을 앞두고 고작 10분 정도 일찍 와서 준비를 시작하는 사람들을 보면 정말 신기하다. 사전에 충분히 준비했으니 문제없다고 말하겠지만, 절대 그렇지 않다.

회의장의 분위기, 참석자들의 성향, 언제 일어날지 모르는 돌발 변수 등을 파악하는 것을 감안한다면 적어도 1시간 전부터 회의실에 와서 좀 더 차분한 기분으로 대비해야 한다.

어떤 사람은 두려운 상황에 대한 걱정 때문에 마음은 그렇지 않은데 몸이 말을 듣지 않아서 현장으로 향하는 발걸음을 미루고 또 미룬다. 내 경험으로 봐서 이런 짓은 두려움을 눈덩이처럼 키울 뿐 그 어떤 이득도 없다.

나는 여러 가지 이유로 약속 장소에 일찍 나간다. 교통이 막힐 수도 있고, 길을 잘못 알고 있거나 내비게이션이 틀릴 수도 있고, 주차 공간을 찾기 어려울 수도 있다. 너무 일찍 도착했을 때 일어나는 최악의 일은 뭐가 있을까? 아무것도 없다. 커피 한 잔의 여유를 즐기면 된다.

3. 마음의 준비를 단단히 하라

중요한 대화를 앞두고 있으면 머릿속에 갖가지 생각이 떠오른다. 갑자기 뜻밖의 질문을 받을 수도 있고, 상대가 특별한 요구를 할 수도 있다. 무례한 대답을 들을 수도 있고, 대화 상대가 안 되는 고집불통일 수도 있다.

결전의 순간 이전에 만반의 준비를 마쳐야 이런 상황에 다급하지 않게 대응할 수 있다. 조용한 공간에 놓인 편한 의자에 앉거나 짧은 산책을 하면서 다양한 상황에 대한 마음의 준비를 하라.

마음의 준비를 한다는 것은 지금까지 대비해온 것을 재점검하면서 오류가 생기지 않도록 더 충실한 마음가짐을 다지기 위한 일이다. 따라서 준비는 많을수록 좋고, 풍부할수록 자신만만해진다.

라틴어 메멘토 모리Memento mori는 '자신의 죽음을 기억하라', 또는 '너는 반드시 죽는다는 것을 기억하라', '네가 죽을 것을 기억하라'를 뜻하는 말이다.

옛날 로마에서는 원정에서 승리를 거두고 개선하는 장군이 시가행진을 할 때 노예를 시켜 행렬 뒤에서 큰소리로 "메멘토 모리"라고 외치게 했다고 한다. 왜 그랬을까? 거기엔 이런 의미가 담겨 있었다고 한다.

"전쟁에서 승리했다고 우쭐대지 마라. 오늘은 개선장군이지만 너도 언젠가는 죽는다. 그러니 겸손하게 행동하라."

그런 의미에서 메멘토 모리는 '마음의 준비'를 의미하는 웅변이기도 하다. 어찌 전쟁뿐이겠는가? 삶의 현장 곳곳에서 우리는 미래의 불행에 대비해 마음을 다잡는 치열함이 필요하다.

4. 머릿속으로 상황을 그려라

나는 골프를 잘 치지 못한다. 지금까지 골프 연습을 제대로 해본 적이 별로 없으니 당연한 일이다. 일이 바쁠 때는 골프 칠 시간이 없고, 일이 없을 때는 왜 골프로 시간을 보내야 하는지 의문일 만큼 관심 밖이다.

하지만 골프를 쳐본 적이 있고, 가끔 스코어가 잘 나온 적도 있는 나로서는 골프가 도전해볼 만한 스포츠라고 생각한다. 골프에는 예전에 내가 미처 이해하지 못했던 재미있는

측면이 있다고 생각한다.

　왜 프로 골퍼들은 경기 중에 한사코 스코어보드를 보지 않는 걸까? 그들은 4일 동안 자기가 모든 샷을 어떻게 쳤는지는 상세하게 기억하면서도 다른 경쟁자들의 경기가 어떻게 되는지는 전혀 관심이 없다. 스코어보드를 본다 해도 그건 아마 마지막 한두 홀 정도나 됐을 때일 것이다. 프로 골퍼들 대부분이 이렇게 한다.

　내가 아는 프로 골퍼와 이 문제를 놓고 대화를 나눈 적이 있다. 젊은 시절 PGA 대회에서 상위권 성적을 유지하기도 했던 그는 지금은 후배들을 양성하는 일에 주력하고 있다.

　"골프를 가르치면서 제일 강조하는 것이 무엇입니까?"

　나의 질문에 그는 조금도 망설이지 않고 이렇게 대답했다.

　"이미지 트레이닝입니다. 마음속으로 자신의 실제 경기 모습을 그리면서 훈련에 임하는 것과 무조건 훈련에만 열중하는 것에는 큰 차이가 있기 때문입니다."

　그는 하나의 예로 시합을 앞두고 시합이 있는 코스를 세밀하게 머릿속으로 그리고, 그곳에서 홀을 거듭하며 경기를 해나가는 자기 모습을 떠올리는 것이 실제 경기에서 좋은 성적을 내는 비결이라고 말했다. 그는 이렇게 덧붙였다.

"시합의 두려움을 최소화하는 지름길은 두려움 그 자체를 아예 없애버리는 것입니다."

이런 상황을 비즈니스 현장이나 일상생활로 옮겨서 설명한다면 이해하기 쉬울 것이다. 머릿속으로 상황을 그리고, 거기에 하나하나 대응해나가는 자기 모습을 상상하는 것만으로도 두려움은 크게 감소될 것이다.

두려움은 그것 자체로 가만히 놔두면 저절로 커지는 습성이 있다. 하지만 머릿속을 꽉 채우는 두려움을 하나하나 떼어놓고 생각해보면 의외로 두려움의 종류가 많지 않거나 그 크기도 보잘것없을 때가 많다. 두려움이 클수록 머릿속으로 상황을 그려서 나름의 대책을 만들어내는 습관에 익숙해지기 바란다.

5. 조력자를 찾아라

크고 작은 일에 두려움을 느끼는 습성이 있는 사람일수록
남의 도움을 받는 일에 주저하는 경우가 많다는 사실을 알
고 있는가? 남들은 두려움은커녕 마음에 미동도 없을 일에
두려움을 느낀다면 조금은 부끄러운 일일 수도 있겠지만,
아예 회피하고 도망치다가 일을 망치는 것보다는 조력자에
게 도움을 청하는 것이 낫다.

두려워하는 일이나 상대하기 꺼리는 사람이 있어 한 발
짝도 앞으로 나아가지 못하고 있다면, 주변에서 적극적으로
조력자를 찾아 의견을 구해보기 바란다. 선배나 친구에게
마음을 털어놓고 얘기를 나누다보면 의외로 쉽게 해결책을
가르쳐줄지도 모른다.

회사 안에서 인간관계의 어려움 때문에 고민하는 직장인
들이 의외로 많다. 예를 들어 그들은 상사의 괴롭힘 때문에
미칠 지경이라고 하소연하는데, 문제 해결이 쉽지 않다는
게 고민이다.

회사에 이런 문화가 번지는 걸 방관하거나 외면하면 직접적인 손해를 입기도 하는데, 몇 년 전에 오하이오 주 신시내티의 주물 공장에서 일어난 사건이 대표적이다.

오랫동안 직장 상사의 이유 없는 괴롭힘에 시달리던 직원이 야간작업을 하던 중에 24시간 내내 작동을 멈추지 말아야 할 전기선을 일부러 차단해버림으로써 30만 달러 이상의 손해를 끼쳤던 일이 있었다.

이 사건을 계기로 기업 내에 언어폭력이나 집단 따돌림 같은 악습이 번지는 걸 막기 위해 심리 상담실을 설치하는 것이 유행처럼 번졌지만, 과연 그런 미봉책으로 해결될 수 있을지는 미지수다.

방법은 무엇일까? 나는 직장 내에서 다양하게 펼쳐지는 골치 아픈 문제 때문에 상담을 요청해오는 사람들에게 무엇보다 중요한 일은 조력자를 구하는 것이라고 말한다. 사태가 걷잡을 수 없이 번지기 전에 선배나 친구와 업무 전반에 대해 의논하는 분위기를 만들어두라는 것이다.

일부 기업에서는 하급 사원들에게 일일이 롤모델이 될 만한 선배 사원과 짝을 맺게 주선해서 업무는 물론이고 직장 생활 전반에 대해 의논 상대가 되게 했는데, 일의 능률을 올리고 회사 분위기를 끌어올리는 데 크게 기여했다고 한다.

터놓고 이야기할 수 있는 조력자를 구하면 좋은 점 또 하나는, 그가 자신과 같은 편이 되어 많은 부분에 도움을 줄 수 있다는 것이다. 사회생활은 누구도 혼자 해낼 수 없다. 어쩔 수 없이 누군가의 도움을 받아야 하고, 당신도 누군가에게 도움을 주어야 한다.

이런 의미에서 곤란한 일이 생겼을 때 가장 먼저 뛰어가 상의할 사람이 누구일지 생각해보는 것도 필요한 일이다.

6. 경청하고, 또 경청하라

에릭 슈미트Eric Schmidt 전 구글 회장은 2012년 보스턴대학교 졸업식에서 '오프라인'의 중요성을 역설했다. 구글이 어떤 회사인가. 세계 최고의 IT기업으로 1998년 설립된 이래 뛰어난 검색 능력과 독창적인 수익 모델로 전 세계인이 사용하는 검색 사이트가 되었다.

온라인 기업의 대표 주자라 해도 과언이 아닌 구글의 최고경영자가 다른 것도 아닌 오프라인의 중요성을 역설하다니, 세계인의 주목을 받았음은 물론이고 특히 젊은이들에게 큰 울림을 주는 연설이어서 화제가 되었다.

"컴퓨터와 스마트폰은 대단한 일을 합니다. 하지만 한 가지, '마음heart'이 없습니다. 적어도 하루에 한 시간은 컴퓨터와 스마트폰을 끄세요. 화면 대신 당신이 사랑하는 사람의 눈을 보고 이야기를 나누세요. 이제부터는 '좋아요' 버튼만 누르지 말고 '좋아한다'고 직접 말하세요."

나는 유튜브를 통해 이 연설을 접하고 너무도 감동을 받은 나머지 강의할 때마다 사람들에게 들려주곤 한다. 내가 특히 좋아하는 대목은 '화면 대신 사랑하는 사람의 눈을 보고 이야기를 나누라'는 말로, 그 속에 담긴 의미가 현대인들에게 너무도 큰 가르침을 전하고 있다고 믿는다.

　각종 IT기기에 매몰된 현대인들은 이제 다른 사람들과 직접적으로 눈을 마주하고 대화를 나누지 않는다. 거래처 상담이나 상품 설명회조차도 이메일이나 SNS를 통해서 진행하고, 심지어 어떤 기업은 신입사원 면접을 화상 회의를 하듯이 컴퓨터 화면으로 진행한다.

　이렇게 되면 상대의 말에 귀를 기울이기보다는 서로 해야 될 말만 집중해서 늘어놓게 된다. IT기기의 특성상 일방통행적인 제약이 있기 때문이다.

　대화는 어쨌든 쌍방향 소통이 되어야 한다. 한쪽에서만 일방적으로 말한다면 그건 연설이나 명령이 될 뿐이다. 그렇기 때문에 상대의 눈을 보고 말하는 게 중요한 것이다. 이때의 전제가 경청이다. 경청의 중요성을 강조하는 사람들은 많지만, 이를 직접 실천하는 사람들은 드물다. 스피치 전문가들은 경청을 이렇게 정의한다.

　"상대의 말을 막연히 듣기만 하는 게 아니라 상대가 전하고자 하는 내용과 그 속에 내재된 동기나 정서에 귀를 기울인 다음, 이해된 바를 상대에게 피드백 해주는 것이다."

스피치 전문가들은 연설이나 강의 실력이 부족해서 수업을 받으러오는 수강생들에게 제일 먼저 잘 듣는 법을 가르쳐준다. 잘 들어야 상대에게 올바른 피드백을 해줄 수 있고, 누군가와 논쟁을 벌이더라도 상대의 말을 조용히 듣다가 나중에 말하는 편이 이길 확률이 높기 때문이다.

말을 잘하기를 바라기 전에 잘 들어주는 사람이 되자. 할 말을 참을수록 신뢰가 쌓인다는 사실을 잊지 말자. 진정한 설득은 찬란한 언변이 아니라 묵묵한 경청에서 시작된다는 사실을 명심하자.

7. 당신의 몸을 쉬게 하라

"편안한 자세로 앉아 머리를 약간 아래쪽으로 향하게 하고, 손은 가볍게 무릎 위에 놓아두세요. 그 다음, 코로 숨을 깊게 들이쉬면서 공기가 몸으로 들어와 폐를 가득 채우는 기분을 느끼세요. 잠시 숨을 참았다가, 천천히 입으로 내쉽니다. 다시 들이 마시고, 숨에 집중하면서 살며시 눈을 감으세요."

　당신도 요가나 명상 같은 수련법에서 이런 말을 들어본 적이 있을 것이다. 명상은 긴장을 이완시켜 온전히 자기 자신에게만 집중할 수 있게 하는 수련법으로, 예전에는 동양의 불교나 힌두교에서 행하는 전통 의식으로 여겼지만 최근에는 현대인들에게 마음을 닦는 방법으로 널리 애용되고 있다.

　우리는 왜 명상해야 하는가? 수많은 책들이 이 질문에 답하며 다양한 명상법을 소개하고 있는데, 어떤 방식의 명상법이든 본질적으로 추구하는 바는 같다. 마음의 평화를 통해 진정한 자아를 찾고, 마음속에 세상과 소통하는 길을 마련하는 것이다.

　과학자들은 규칙적으로 명상을 하면 불안감이나 두려움이 감소되고 각종 질병에 대한 면역력이 높아진다고 말한다. 명상 덕분에 숙면을 취하게 되고, 불안감이나 고통을 적절히 다스리게 되는 등 건강해지는 효과도 거둘 수 있다는 것이다.

　하지만 단지 이런 이점만이라면 명상은 건강법의 하나로

그쳤을 것이다. 명상은 이런 효과 말고도 정신과 감정, 그리고 영혼에 긍정적인 영향을 가져다주는 의식을 만들어낼 수 있다.

전문가들은 제대로 명상을 하면 여느 때보다 훨씬 더 내밀한 감각을 느끼게 되고 마음 밑바닥에 자리하고 있는 자아에 더 가까이 접근할 수 있다고 말한다.

이러한 '내려놓음'과 '받아들임'의 상태에서 변화와 성장이 일어나고, 그 변화가 삶의 무게를 이겨내는 자제력과 통찰력을 불러일으킨다는 것이다.

당신도 일상의 번잡함에 지쳐버린 마음에 휴식을 주기 위해 명상의 세계에 빠져서 내면 깊은 곳에 있는 또 다른 자아를 만나기 바란다. 명상에 깊이 빠져들수록, 당신은 이제까지의 삶을 전혀 새로운 눈으로 바라보게 될 것이다. 나는 이것이 일상에 엄습하는 두려움을 이기는 방법의 하나라고 생각한다.

☑ 두려움에 용감하게
맞서는 법

---

1 도망치지 말고 당당히 마주하라

한 번 포기하기 시작하면 다음에 두려운 일이 생겼을 때 다시
포기할 가능성이 높다. 누구도 승패를 예측할 수 없는 경기를
앞두고 막연한 두려움에 무릎 꿇고 상대를 회피하며 맥없이
수건을 던지는 복싱 선수가 되지 마라.

2 한 걸음 더 바짝 다가서라

어떤 사람은 두려운 상황에 대한 걱정 때문에 마음은 그렇지
않은데도 몸이 말을 듣지 않아서 현장으로 향하는 발걸음을
미루고 또 미룬다. 내 경험으로 봐서 이런 짓은 두려움을
눈덩이처럼 키울 뿐 그 어떤 이득도 없다.

3 마음의 준비를 단단히 하라

결전의 순간 이전에 충분히 준비를 마쳐야 다급하지 않게
대응할 수 있다. 마음의 준비는 지금까지 대비해온 것을
재점검하며 오류가 생기지 않도록 더 충실한 마음을 다지는
일이다. 준비는 많을수록 좋고, 풍부할수록 자신만만해진다.

4 머릿속으로 상황을 그려라

프로 골퍼들은 시합을 앞두고 코스를 머릿속으로 그리고, 홀을

거듭하며 경기해나가는 자신의 모습을 떠올리는 것이 실제 경기에서 좋은 성적을 내는 비결이라고 말한다. 이런 방식으로 시합의 두려움을 아예 없애버리는 것이다.

❺ 조력자를 찾아라

두려워하는 일이나 상대하기 힘든 사람이 있어 한 발짝도 앞으로 나아가지 못하고 있다면 조력자를 찾아 의견을 구해보기 바란다. 선배나 친구에게 마음을 털어놓고 얘기를 나누다보면 의외로 쉽게 해결책을 가르쳐줄지도 모른다.

❻ 경청하고, 또 경청하라

컴퓨터와 스마트폰은 대단한 일을 한다. 하지만 한 가지, 마음이 없다. 적어도 하루에 한 시간은 컴퓨터와 스마트폰을 꺼라. 화면 대신 사랑하는 사람의 눈을 보고 이야기를 나눠라. 이제부터 '좋아요' 버튼 대신 '좋아한다'고 직접 말해보자.

❼ 당신의 몸을 쉬게 하라

왜 명상해야 하는가? 과학자들은 규칙적으로 명상하면 불안감이나 두려움이 감소되고, 각종 질병에 대한 면역력이 높아진다고 말한다. 명상 덕분에 숙면을 취하고, 불안감이나 고통을 다스리게 되는 등 건강 효과도 거둘 수 있다고 한다.

Part 3.

너 자신에게
정직하라

등불이 꺼졌는데도 초를 아끼려고 켜지 않는다면 초가 무슨 쓸모가 있겠는가. 한두 마디 친절한 말이면 다른 사람의 마음을 어루만질 수 있는데 그렇게 하지 않는다면, 그것은 초를 아끼기 위해 그냥 어둠 속에 머물고 있는 것과 같다. 한 마디 말은 상대에게 상처를 남기는 날카로운 칼이 될 수도 있고 솜처럼 부드러운 촛불이 될 수도 있으니, 그 선택은 너무도 다른 결과를 불러온다.

_ **토머스 제퍼슨**Thomas Jefferson, **미국 3대 대통령**

직원들과의 소통 문제로 골치 아픈
어느 경영자 이야기

글로벌 전자 회사에 부품을 납품하는 베이크 커트 사장은 오늘도 50명의 직원들을 불러다가 일장 연설을 늘어놓았다. 도대체 마음에 드는 게 하나도 없었다. 납품 기일이 열흘 남았는데 이번에도 기일을 맞추지 못할 게 뻔했다.

지난달에는 부품에 하자가 있어 일부 반품되는 사태까지 벌어졌었다. 이러다가는 자칫 회사 자체가 문을 닫을 판이었다. 마음 같아서는 직원들을 모조리 해고하고 싶지만 그럴 수도 없는 노릇이었다.

팀장들을 모아놓고 매일같이 잔소리를 늘어놓아도 상황이 나아지지 않자 베이크는 직원들과 일대일 면담을 하기로 결심했다. 직원들에게 사장으로서 일일이 회사의 애로 사항을 전달하고, 그들의 불만도 들어주자는 의도였다.

베이크는 1인당 30분씩 배당하여 하루 10명씩 닷새 동안 면담을 진행하기로 했다. 직원들과 소통하기 위해 이렇게 애를 쓰는 경영자가 어디 있을까? 그는 자신의 결정에 흡족한 미소를 지었다.

닷새 후, 베이크는 이제부터 직원들의 작업 능률이 높아지리라 믿어 의심치 않았다. 면담 과정을 녹화한 동영상을 봐도 그들이 사장의 열정적인 설득에 수긍하는 빛이 역력했다. 팀장들에게 회사 분위기를 물어보니 다들 이전과는 달라질 거라고 입을 모았다.

하지만 과연 그럴까? 공장장이 제출한 작업 보고서에 따르면 작업 효율이나 실적이 달라지기는커녕 더 악화되었다는 사실을 확인할 수 있었다. 어찌 된 일일까? 대체 뭐가 잘못된 것일까?

어느 날 경영 컨설턴트로 활동하는 친구를 만나 고충을 말하자, 친구는 그가 늘어놓는 불평을 묵묵히 듣고 나서 이유를 알겠다는 듯이 빙그레 웃었다.

"나는 사업에 최선을 다하고 있는데, 저놈들은 그저 놀고 먹으려고만 해. 아무리 잘해줘도 소용없다니까!"

베이크의 입에서는 직원들에 대한 불만과 적개심이 파편처럼 쏟아져 나왔다. "죽일 놈들, 당장 해고를 당해봐야 정신들 차리지!" 그럼에도 친구는 말없이 웃기만 하다 한참 후에 조용히 입을 열었다.

"사실 자네 같은 경영자들이 의외로 많다네. 기대하는 만큼 따라와주지 않는 직원들의 태만함을 한탄하는 경영자들 말일세. 하지만 그것이 진실의 전부일까?"

그러면서 그는 면담 동영상을 보고 싶다고 했다. 동영상에는 회사의 사정과 경영자의 경영 철학을 열정적으로 설파하는 그의 모습이 고스란히 담겨 있었다. 그가 보기에 문제될 게 전혀 없었다. 하지만 친구의 의견은 달랐다.

"면담 시간 30분 동안 직원들의 얘기는 들을 생각도 않고 자네만 일방적으로 말하고 있군. 그러면서도 자네는 소통이 되었다고 생각하니 직원들이 동의하겠나? 사실 자네 같은 경영자가 대부분이지. 자기 말만 전하고 직원들의 말엔 철저히 귀를 닫는……."

베이크는 할 말을 잊었다. 면담 광경이 담긴 동영상 속에서 그는 마치 일인극을 연기하는 배우처럼 모든 상황을 독점하며 요란하게 말 폭탄을 쏟아내고 있었다. 그런 분위기에서 신뢰나 효율이 생길 리가 없었다. 친구의 말이 이어졌다.

"직원들은 자네 앞에서는 고분고분하지만 속으로는 자네를 증오하고 있네. 그런 태도로는 소통은커녕 신뢰가 쌓인다는 게 불가능한 일이지⋯⋯. 회사 경영이 악화된 건 어쩌면 자네가 자초한 것일지도 모르네."

정직한 소통이
타인과의 신뢰를 키운다

———

자기 자신을 신임하는 것은 물론이고 타인의 신뢰까지 얻으려면 어떤 행동 습관을 지켜야 할까? 이런 물음에 한마디로 규정할 수 있는 정답은 없지만, 내가 지켜온 원칙이 있다. 지금부터 그 이야기를 하려고 한다.

1. 의심부터 하는 습관을 버려라

얼마 전에 읽은 책에서 이런 문장을 발견해 노트에 따로 적어놓았다.

"자신에 대한 믿음으로 무장했다면, 다른 사람들에게 자기를 신뢰해달라고 설득할 준비가 된 것은 물론이고 세상과 맞설 준비가 된 것이다."

자기 자신에 대한 믿음이 얼마나 중요한지를 웅변하는 말이다. 어찌 생각해보면 다른 사람들이 나를 믿게 하는 건 생각보다 쉬운 일처럼 보이지만, 이것만은 확실하다. 자기 자신에 대한 믿음이 한 번도 흔들린 적이 없는 사람은 거의 없다는 것이다.

그보다는 믿었던 누군가의 냉정한 거절이나 오랫동안 준비해온 일의 어이없는 실패로 인해 자신의 모든 것에 의심을 품는 경우가 더 많을 것이다.

그만큼 의심의 영향에서 자유로운 사람은 없다. 다른 사람들이 당신을 신뢰하는 것은 당신의 지식이나 재산 때문이 아니다. 그것은 오히려 아주 간단한 일에서 비롯되는 것인지도 모른다. 예를 들자면 겸손이나 배려, 양보 같은 태도 말이다.

나는 다른 사람들 앞에서 발표를 하다 답을 모르는 질문을 받았을 때는 오히려 더 자신만만한 태도로 이렇게 말한다.

"제가 모든 것에 대한 답은 모르지만, 어디서 그 답을 찾
을 수 있는지는 확실히 알고 있습니다."

이런 식으로 답할 때 그것도 모르냐며 비웃는 사람을 본
적이 없다. 오히려 친근함을 드러내며 더 신뢰한다는 말을
건네는 사람들이 많았다.

청중들은 아무리 똑똑한 강사라도 인터넷에서 검색을 하
면 당장 답이 나오듯이 모든 문제에 답을 줄 수 있을 거라
기대하지는 않는다. 그렇다면 어떻게 대응하느냐라는 태도
가 문제가 된다. 모르는 문제에 대해 질문을 받으면 겸손하
게 모른다고 답하면 그뿐이다.

부작용이 생기고 불신이 싹트기 시작하는 것은 모르는 것
을 아는 체할 때로, 그러면 불신은 냉소로 바뀌고 냉소는 공
격적인 행동으로 바뀌게 된다.

이상하게 들릴지 모르지만 사람들은 자신이 모른다는 사
실을 순순히 인정하는 사람을 신뢰한다. 모든 것을 안다고
떠벌리는 사람은 결국 자신에 대한 다른 사람들의 신뢰를

훼손시키는 메시지를 전달하는 것이나 다름없다는 얘기다.

당신의 주변에서도 이런 식으로 자기 이미지를 까먹는 사람이 한두 명은 반드시 있을 것이다. 머리는 물론이고 가슴까지 꽉 찬 사람은 그렇게 가볍게 행동하지 않는다.

나는 유명 인사들과 한 자리에 서서 강의할 때가 많은데 유명한 강사들조차 어려운 질문을 받으면 강의를 잠시 멈추고 미간을 찌푸리며 이렇게 말하는 모습을 자주 본다.

"음……. 좋은 질문이네요. 제 생각에는 답이 A인 것 같습니다만, 다시 확인해보고 말씀드리겠습니다."

그러면 곧 청중석에서 안도의 한숨이 새어 나온다. 그 사람도 청중들과 마찬가지로 평범한 인간이라는 동지 의식을 느끼는 것이다. 환경 운동가이자 작가로 유명한 에드워드 애비Edward Abbey 박사는 이렇게 말했다.

"아무리 뛰어난 사람이라도 가끔은 실수를 저지르거나 허점을 보이는 게 필요할 때가 있습니다. 그러면 사람들은 그를 자신의 동료로 여기며 호감을 느끼게 됩니다."

완벽한 사람은 없다. 그럼에도 우리는 주위 사람들에게 조금이라도 더 완벽하게 보이려고 애를 쓴다. 자신이 무지하다는 사실을 들키지 않으려고 악착같이 완벽의 가면을 쓰고 허세를 부린다.

다른 사람의 신뢰를 얻기 힘들어하는 사람과 그렇지 않은 사람 사이에는 두드러진 차이점이 있다. 자신이 없는 사람은 자기가 모르는 것에 집착하지만 자신이 넘치는 사람은 자기가 모른다는 것을 인정할 뿐더러 기꺼이 받아들인다.

스피치 전문가들은 의사소통을 할 때는 자기의 것에 집중하라고 말한다. 내 것이 될 수 없는 일에 신경을 쓰지 말고, 온전히 내 것에만 집중하면 그것으로 충분하다는 얘기다. 허세, 가면, 위선, 억지 같은 남의 것으로는 절대 남의 신뢰를 받지 못한다는 뜻이다.

2. 보이지 않는 리듬을 소통에 활용하라

스피치 전문가들은 효과적인 의사소통을 하려면 보이지 않는 리듬에 의존해야 한다고 말한다. 이 리듬을 완벽히 이해하면 누구라도 주위 사람들의 신뢰를 얻을 수 있다고 그들은 말한다.

　내가 커뮤니케이션의 리듬에 대해 처음 알게 된 것은 열여섯 살 때 아르바이트를 할 때였다. 그때 나는 메릴랜드 주 포토맥에 있는 극장에서 안내원으로 일하고 있었다.

　나는 빨간색 유니폼을 입고 손전등을 든 채 손님들을 좌석에 안내하는 일을 맡았다. 그 일을 하는 동안 상영관 뒤쪽 벽에 기대어 수없이 많은 영화들을 봤는데, 같은 영화를 반복해서 보게 되니 자연스럽게 관객들을 관찰하게 되었다.

　관객들의 뒷모습밖에 안 보였지만 그것만으로 충분히 공부가 되었다. 관객들은 긴장이 고조되는 장면에서는 꼼짝도 하지 않다가 긴장이 풀리면 집중도도 뚝 떨어지는지 동시에 좌석에서 자세를 바꾸거나 스트레칭을 하거나 팝콘이나 음료수를 향해 손을 뻗었다. 그러다가 다시 영화가 긴장 국면으로 접어들면 미동도 없이 집중했다.

　사실 작가와 감독은 관객이 그런 리듬을 타도록 꼼꼼히 계산해서 영화를 만든다. 계속 강렬한 장면만 이어지면 관객은 지치게 되고, 그러면 관객은 영화가 전달하려는 메시지에 점점 무감각해지고 흥미를 잃게 된다.

　반면에 영화가 너무 단조로우면 관객은 그대로 잠들어버릴 수도 있다. 긴장의 강약을 적절히 조절해야 관객을 영화에 온전히 몰입시킬 수 있어, 감정 이입이 잘 된다는 얘기다.

　우리가 의사소통을 할 때도 이런 리듬이 필요하다. 누구나 자신의 말에 힘과 에너지를 실으려고 노력하지만 만약 당신이 하는 모든 말에 힘을 주어 강조한다면 처음 잠깐 동안은 상대가 관심을 기울일지 몰라도 금방 머리를 절레절레 흔들 것이다.

　그 이유는 처음에는 흥미롭고 듣기 좋았던 말들이 점점 짜증스런 소음으로 들리기 때문인데, 큰 문제는 정작 당신이 전달하려는 메시지가 뭐였는지 아무도 알아듣지 못하게 된다는 점이다.

할리우드의 작가와 감독들이 영화를 만들 때는 완성된 영화를 보고 배우들의 대사와 연기를 통해 관객이 느꼈으면 하는 감정을 가장 염두에 둔다고 한다. 극장을 나서는 관객들이 기억하기 바라는 메시지가 무엇인지를 제일 신경 쓴다는 얘기다.

다른 사람들과 의사소통을 한다는 것은 영화에서 작가와 감독의 역할을 당신이 혼자 해내는 것과 같다. 사람들이 당신과 얘기를 나눌 때 무엇을 느끼고 기억하기를 바라는가? 메시지가 많을 필요도, 어려울 필요도 없다. 단순하면서도 짧은 메시지를 전달하는 것, 그것이 핵심이다.

3. 소통을 위한 자기만의 계기판을 만들어라

농구는 전개가 매우 빠른 스포츠다. 공격수가 계기판에 보이는 시간 내에 슛을 성공시켜야 하기 때문에, 선수는 한쪽 눈으로는 계속해서 상대편을 보고 다른 한 쪽으로는 계기판을 확인한다.

이때 계기판은 경기 진행을 신속하고 흥미진진하게 만들기 때문에 관람객들이 경기에 집중하게 만든다. 우리가 대화할 때도 이런 계기판이 있으면 훨씬 재미있지 않을까? 그러면 임기응변 능력이나 순발력이 저절로 향상될 것이다.

어린 시절의 나는 여러 면에서 운이 좋았다. 그중 하나는 지금의 나를 있게 만든 아버지의 많은 가르침들이다. 하지만 그때 나는 아버지가 인생 최고의 교훈을 가르친다는 사실을 알아차리지 못했다.

아버지는 언제나 학교가 끝나고 집에 돌아온 내게 하루가 어땠는지 물어보셨다. 내 눈을 똑바로 바라보시며 내가 무슨 말을 하든 온전히 집중해주셨는데, 다만 한 가지 아쉬운 점은 그 시간이 45초밖에 안 된다는 거였다.

45초가 지나면 점점 내 얘기에서 마음이 떠나고, 좀 더 지나면 몸까지 멀어지셨다. 어릴 때는 아버지의 이런 반응에 상처를 받았지만 그 덕분에 나는 의사소통에서 매우 중요한 기술을 배울 수 있었다. 아버지가 의사소통을 하면서 사용하는 계기판에 어떻게든 적응하려는 습관 말이다.

아버지의 계기판에 맞추기 위해, 나는 전달하려는 핵심을 최대한 정확하게 빨리 전했고, 아버지의 반응을 이끌어내기 위해 어느 부분을 강조하고 어느 부분을 건너뛰면 되는지 미리 계산해놓고 말을 시작했다.

현대 사회는 뭐든 빨리 진행하는 게 좋다는 분위기인데 사람들끼리의 의사소통은 더욱 그렇다. 책은 점점 더 얇아지고, 이메일의 속도는 예전보다 훨씬 더 빠르고, 트위터는 사용 글자수를 제한하고, 블로그는 한층 더 간단명료해지길 원한다.

아버지가 오늘날처럼 소통의 속도가 빨라진 세상에 여전히 살아계셨더라면 누구보다 신나게 사실 것 같다. 아버지는 필요한 정보를 재빨리 얻고, 그 정보의 핵심을 빠르게 파악하기를 원하셨으니 말이다.

하지만 무엇보다 중요한 점은 아버지는 더 알고 싶은 게 있으면 내게 끝도 없이 질문을 거듭하셨다는 사실이다. 나는 아버지의 소통 방식에 부응하기 위해 어떤 식으로 질문을 끌어내면 좋은지, 어떤 대답이 재미있을지, 어떻게 침착하게 이 모든 걸 45초 안에 끝내야 할지를 생각하며 차츰 적응해나갔다.

나는 아버지 덕분에 어려서부터 간단하고도 분명한 소통 방식이 왜 중요한지 배울 수 있었기에 누구하고 이야기를 나누어도 힘들지 않다. 이런 기술은 강의를 전문으로 하는 직업을 가진 나에게 금쪽 같은 시간을 초 단위로 분할해서 사용하게 했다.

나는 지금도 내게 주어진 강의를 단 1분도 틀리지 않고 약속된 시간 내에 끝낼 수 있다. 내 자랑을 하려는 게 아니다. 다른 사람들의 신뢰를 얻으려면 정확한 시간 내에 의사를 전달하는 기술을 익혀야 한다.

상대방이 알아듣지도 못하는 난해한 단어를 남발하거나 말을 시작한 지 몇 분 되지도 않았는데 벌써 하품이 나오게끔 지루한 표현을 이어간다면 어떻게 신뢰를 얻을 수 있을까? 커뮤니케이션의 기술은 결코 먼 데 있지 않다.

"모두 설명했으니, 잘 이해했겠지…?"

"상대가 이해하기 쉽게 말해보자!"

4. 자기 자신에게 정직하라

햄릿 1막 3장에는 왕의 고문인 폴로니우스가 여행길에 오르는 아들에게 충고의 글을 전하는 장면이 나온다. 외국에서 현명하게 행동해서 성공할 수 있는 방법을 담고 있다. 그 충고의 마지막은 이렇다.

"무엇보다도 너 자신에게 정직해라. 그렇게 하면 누구에게도 거짓되지 않게 될 것이다."

자기 자신에게 정직하면 다른 사람들로부터 언제 어디서든 신뢰를 받을 수 있다는 뜻이다. 자기 내면에 존재하는 '진짜 나'에게 솔직하게 대하는 것이 믿음의 기초라는 말은 내가 이 책을 통해 당신에게 꼭 전하고 싶은 조언이기도 하다.

동양에는 오랜 세월 사람들 입에 오르내리는 금언이 하나 있다.

"마음을 닦는 공부를 할 때는 무엇보다 자기 자신을 속이지 않아야 한다."

마음을 닦는 공부란 명상이나 수양을 통해 자신의 내면을 정결하게 하는 과정이다. 이런 공부를 하면서 자신을 속이려고 한다면, 어떤 행동을 말하는 것일까?

대표적인 것이 '적당히'다. 하루에 다섯 시간을 공부에 전념하겠다고 다짐하고는 두 시간 정도 공부한 다음 하품을 하다가 잠에 빠진다면 자신을 속이는 일이고, 이런 사람이 마음을 닦는 공부에 성공할 리가 없다.

유대교 율법학자이자 랍비인 조셉 텔루슈킨Joseph Telushkin 은 현대인들이 '진짜 나'를 감추고 '가짜 나'로 살아가고 있다고 말한다.

"진짜 나를 있는 그대로 보이며 살아갈 용기를 잃어버린 현대인들에게 진실은 너무 멀리 있고 거짓은 언제나 가까이 있다."

그럼에도 불구하고 현대인들이 저마다 입을 열 때마다 거짓을 혐오하고 진실을 옹호한다고 말하는 걸 보며 조셉 텔루슈킨은 비극은 바로 여기서 출발한다고 진단한다.

세상에는 헤아릴 수 없이 많은 비즈니스, 마케팅, 세일즈

관련 서적이 있지만 이 책들이 말하고 있는 내용을 한마디로 정리하면 바로 이것이다.

"남에게 대접받고 세상의 인정을 받으려면 '진짜 나'를 있는 그대로 사랑하고 존중하라."

자기의 삶으로 이룰 수 있는 것들을 감사히 받아들이고, 바로 그 지점으로부터 세상을 향한 발걸음을 당당하게 시작하라는 뜻이다. 세상 사람들로부터 믿음을 받는다는 것은 바로 이런 태도로부터 시작된다는 사실을 잊지 말자.

5. 목적에 충실한 삶을 살아라

미국의 목사 릭 워렌Rick Warren은 세계적인 베스트셀러《목적이 이끄는 삶 The Purpose Driven Life》에서, 목적 없는 삶이 건강한 정신을 망치면서 결국엔 자기 자신에 대한 믿음마저 갉아먹는다고 말한다.

자기 삶의 지향점을 분명하게 정하고 그것을 줄기차게 추구하면서 살아가는 사람과 어디로 갈지 정하지 않은 채 그저

발길이 이끄는 대로 살아가는 사람은 커다란 차이가 있다.

정신의학자 칼 융Carl Jung은 이렇게 말했다.

"나를 찾는 환자들 중 3분의 1이 임상학적으로 판단할 수 있는 신경증을 전혀 앓고 있지 않음에도, 그들은 자기 삶이 무의미하고 공허하다는 이유로 고통을 받고 있다. 이런 증세야말로 우리 시대가 일반적으로 앓고 있는 신경증으로 설명할 수 있을 것이다."

칼 융이 활동하던 시대는 지금으로부터 약 100년 전인 1920년대로, 그때를 살았던 사람들 중 상당수가 자기 삶에서 목적의식을 찾지 못하고 살아갔다는 말에 충격을 느낀다. 오늘날에도 고스란히 적용될 수 있는 말이기 때문이다.

우리는 어떻게 하면 나에게 주어진 목적을 발견하고 보다 의미 있는 삶을 찾기 위해 전념할 수 있을까? 그렇게 자기 자신과 굳게 약속하고, 그런 마음을 끝까지 끌고 가면서 죽는 순간에 정말 후회 없이 살았노라고 말할 수 있으려면 어떻게 해야 할까?

솔직하게 말해서, 나는 이 물음의 답을 모른다. 사람은 누구나 나름의 목적을 가지고 있고, 그것을 발견해나가는 과정이 각자에게 주어진 삶의 여정이기 때문에 답이 제각각일 수밖에 없다.

분명한 사실은, 그를 위해 보다 책임감 있는 인간이 되어야 한다는 점이다. 여기서 말하는 책임이란 바로 믿음이다. 오스트리아 출신이지만 유태인이라는 이유로 아우슈비츠 수용소에 수감되었다가 죽음의 문턱 앞에서 살아 돌아온 빅터 프랭클Victor Frankl은 우리가 자신의 울타리를 벗어나 목적과 의미 있는 삶을 살게끔 도와주는 세 가지 원칙을 다음과 같이 설명했다.

- 무엇인가를 창조하는 일에 헌신해야 한다.
- 타인과의 관계를 사랑하는 일에 헌신해야 한다.
- 피할 수 없는 고통을 불가피한 것으로 받아들이는 일에 헌신해야 한다.

　우리는 삶의 진정한 의미와 목적이 긍정적인 행동과 사랑으로 가득한 삶에 헌신함으로써 생기는 것임을 잘 알고 있다. 그렇기에 빅터 프랭클이 제시하는 세 가지 원칙을 잘 지킨다면 자연스럽게 존재의 의미를 발견할 수 있다.

　자기 삶에 온전히 헌신하면 목적과 의미를 찾으려 애를 쓰는 자아를 튼튼하게 구축하고, 견고하게 지탱하는 힘이 생긴다. 그럼으로써 의미는 한층 풍성해지고, 목적의식은 깊이를 더하면서 자기 삶에 대한 헌신이 증가하는 선순환이 이루어질 것이다.

☑ 다른 사람들의 신뢰를 얻는 행동 습관

① 의심부터 하는 습관을 버려라

이상하게 들릴지 모르지만 사람들은 자신이 모른다는 사실을 순순히 인정하는 사람을 신뢰한다. 모든 것을 안다고 떠벌리는 사람은 결국 자신에 대한 다른 사람들의 신뢰를 훼손시키는 메시지를 전달하고 있는 것이나 다름없다는 얘기다.

② 보이지 않는 리듬을 소통에 활용하라

우리가 의사소통을 할 때는 보이지 않는 리듬이 작용한다. 분위기 조성, 말의 강약 조절 등이 그것이다. 누구나 자신의 말을 설득력 있게 전달하려고 노력하지만 만약 처음부터 끝까지 모든 말에 힘을 주어 강조한다면 금세 머리를 흔들 것이다.

③ 소통을 위한 자기만의 계기판을 만들어라

아버지의 계기판에 맞추기 위해 나는 전달하려는 내용의 핵심을 최대한 정확하게 빨리 전했고, 아버지의 반응을 이끌어내기 위해 어느 부분을 강조하고 어느 부분을 건너뛰면 되는지 미리 계산해놓고 말을 시작했다. 이것이 바로 소통의 핵심이다.

④ 자기 자신에게 정직하라

우리는 '진짜 나'를 감추고, '가짜 나'로 살고 있다. 자기의
삶으로 이룰 수 있는 것들을 감사히 받아들이고 바로 그
지점으로부터 세상을 향한 발걸음을 당당하게 시작해야 한다.
신뢰받는 인간이 된다는 것은 바로 이런 태도로부터 시작된다.

⑤ 목적에 충실한 삶을 살아라

자기 삶에 온전히 헌신하면 목적과 의미를 찾으려 애를
쓰는 자아를 튼튼하게 구축하고, 견고하게 지탱하는 힘이
생긴다. 그럼으로써 의미는 한층 풍성해지고, 목적의식은
깊이를 더하면서 자기 삶에 대한 헌신이 증가하는 선순환이
이루어진다.

Part 4

너의 진짜
목소리를 찾아라

한 통의 쓸개즙보다 한 방울의 꿀로 더 많은 파리를 잡을 수 있듯이 인간관계에 있어서도 누군가를 내 편으로 만들고 싶다면 우선 그에게 당신이 진정한 친구임을 알려라. 거기에 바로 그의 가슴을 사로잡을 한 방울의 꿀이 있다. 그의 가슴이야말로 누가 뭐라 해도 당신과의 관계를 친밀하게 하는 가장 확실한 지름길이기 때문이다.

_ 에이브러햄 링컨Abraham Lincoln, 미국의 16대 대통령

어느 '회사 인간'의
쓰라린 후회

제니 로페즈는 하던 일을 잠시 멈추고 심호흡을 했다. 벌써 며칠째 야근하며 신규 프로젝트의 기초 작업을 진행하고 있다. 온몸이 휘청거릴 정도로 피곤하지만 닷새 후 열릴 임원 회의에서 멋지게 프레젠테이션을 하려면 게으름을 피울 시간이 없다.

30대 중반의 그녀는 경력 10년 차의 글로벌 금융 회사 팀장으로 회사 안팎에서 매우 유능한 커리어 우먼이라는 말을 들었다. 같은 시기에 입사한 동료들보다 진급도 빠른 편이어서 잘하면 3, 4년 뒤에 부장으로 승진할지도 모른다.

그렇게만 되면 그녀는 100여 명에 달하는 부하 직원들을 지휘하는 명실상부 한 회사의 중추적인 인물이 되는 것이다. 금융 회사의 특성상 남성 중심으로 돌아가는 분위기에서 그녀가 이뤄낸 성취는 정말이지 자랑스러운 것이었다.

그녀에겐 항상 '최연소', 또는 '최초'라는 단어가 뒤따랐는데 그 말처럼 그녀는 뭐든 기록을 갈아치우며 성공가도를 달려왔다. 회사의 기대치도 높았다. 매년 그녀가 이뤄내는 업무 성과는 최고경영자조차도 대놓고 칭찬할 정도였다.

그녀는 적어도 10년 이내에 이 회사에서 최연소 여성 임원이 되겠다는 야무진 꿈을 꾸고 있었다. 그러기 위해서는 더 뛰어야 했고, 현재에 올인해야 했다.

설령 일 중독자라는 소리를 듣고 피곤에 지쳐 쓰러지는 한이 있더라도 상관없었다. 아직 젊은데다 의욕이 하늘을 찌르는 지금이야말로 일에 더욱 매진할 때였다.

하지만 그녀에게는 요즘 남다른 걱정거리가 있었다. 30여 명의 팀원들을 지휘하면서 느끼는 일인데, 요즘 자신의 리더십에 상처를 입는 직원이 자주 생기고 있다. 가령 실적이 저조하고 근무 태도가 불성실한 팀원을 불러다 꾸중을 하면 이런 말을 듣는 일이 잦았다.

"너무 회사 입장에서만 말씀하시는 것 아닙니까? 저도 나름 최선을 다하고 있는데 팀장님의 기대치가 너무 높아서

도저히 맞추지 못하고 있어요."

"팀장님의 개인적인 욕심을 위해 우리를 너무 부려먹는 게 아닙니까? 다른 팀은 절대 이런 식으로 빡빡하게 일하지 않아요!"

처음엔 철없는 젊은이들의 객기 어린 투정으로 여겼지만 여기저기서 하도 이런 말을 듣다 보니 자신이 정말로 개인적인 목표를 이루기 위해 맹목적으로 일하는 게 아닌가 하는 생각이 들곤 했다.

그녀는 회사와 일을 사랑하지만 회사 업무를 자신의 삶 그 자체로 여기는 '회사 인간'이 되기는 싫었다. 그녀는 지끈거리는 머리를 흔들며 애써 자신의 현실을 부정했다.

하지만 언젠가부터 그녀는 자신의 삶에서 일과 회사가 차지하는 부분이 너무 큰 게 아닌가 하는 생각이 들었다. 열심히 일하고, 성취감을 느끼고, 회사의 인정을 받고, 그 다음 목표를 향해 뛰고……. 이렇게만 달려온 시간이 그녀에게 가져다준 게 무엇일까?

　목표 달성을 위해 물불을 가리지 않고 일하고 있지만 팀
원들로부터 신뢰받지 못하고 동료들로부터 지나치게 독선
적이라는 말을 듣는 등 점점 외톨이가 되어가는 상황에서
그녀는 무엇이 잘못되었는지 전혀 갈피를 잡지 못했다.

의사소통을 위한
7-38-55 법칙

—

지금까지 보았듯이 신뢰하는 인물이 되기 위해 필요한 원칙은 비교적 쉽고 단순하다. 그런데도 왜 많은 사람들이 막상 그런 원칙을 실천할 단계가 되면 힘들어하는 걸까?

이유는 간단하고도 분명하다. 단순히 과정만 배운다고 되는 게 아니라 그 이후에도 실행할 일이 아주 많기 때문이다. 다른 사람들의 신뢰를 얻으려면 인내심, 결단력, 그리고 끊임없는 연습을 통한 실력 향상이 뒤따라야 하고, 그밖에도 부수적인 능력들이 엄청나게 뒤따른다.

그런데 이런 것들보다 더 중요한 게 있다. 바로 앞서 강조한 '톤'이다. 국제 특송 전문업체 페덱스FedEx의 TV광고 '빼

앗긴 아이디어The Stolen Idea'가 그것을 보여준다.

어느 대기업 회의실에서 경영진들이 비용을 줄일 아이디어를 짜내고 있다. 한 직원이 괜찮은 아이디어를 제안한다. 하지만 아무 반응도 없다가, 사장이 갑자기 직원과 똑같은 아이디어를 내놓자 경영진들이 사장의 아이디어에 열렬히 찬사를 보낸다.

이에 그 직원이 눈살을 찌푸리며 말한다.

"그 아이디어는 방금 제가 말씀드렸는데요. 사장님은 그러면서 단지 '이렇게만' 하셨잖아요!"

그러면서 직원이 방금 전 사장의 제스처를 흉내내며 양손을 약간 흔들어 보인다. 그러자 사장이 "아니야, 나는 이렇게 했네"라며 오른손만 약간 다르게 흔든다. 이에 경영진은 모두 사장의 말에 동의하고 그 안건의 결정을 축하하면서 광고는 끝난다.

구글에서 'The Stolen Idea'를 치면 광고에 관한 수많은 댓글이 달려 있는데 대부분 비판적이다. 광고 자체에 대한 비판이 아니라 아이디어를 낸 사람이 인정받지 못하는 현실에 대한 비판이다.

하지만 이 광고에는 우리가 놓치고 있는 중요한 메시지가 숨어 있다. 광고를 다시 한 번 돌려보라. 처음 아이디어를 내놓았던 직원의 태도를 주의 깊게 살펴보라.

그는 아이디어는 뛰어나지만 자신감 없는 말투로 주저하며 말을 한다. 좋은 아이디어임에도 열정이라곤 없는 맥빠진 태도는 자신의 아이디어마저 보잘것없게 만든다. 반면에 사장은 목소리의 높낮이, 얼굴 표정, 제스처, 보디랭귀지를 총동원해서 자신의 말에 설득력을 더한다. '튠'이 살아 있는 것이다.

사장은 직원의 반발에 아무 대꾸도 없이 잠시 숨을 고르더니 잠시 후 그의 잘못을 지적하면서 자신의 제스처와 말이 그와 어떻게 다른지 보여준다. 이를 본 경영진들은 이렇게 맞장구를 친다.

"그렇지! 저렇게 말하면 자네 얘기와 완전히 달라지지."

미국 UCLA대학의 앨버트 메라비언Albert Mehrabian 박사는 '7-38-55 법칙'이라는 의사소통의 원칙을 내놓았는데 페덱스 광고를 분석하는 일에도 적용할 수 있는 틀을 제공한다.

원래 '7-38-55 법칙'은 언어 표현에서 감정과 태도에 관한 원칙으로 언어 표현이 메시지를 듣는 사람들의 감정에 미치는 효과는 7퍼센트 정도라고 규정한다. 이 부분은 광고에서 직원이 처음 말한 내용을 가리킨다.

하지만 페덱스 광고에서 확인한 것처럼 단지 언어만으로는 설득할 수가 없다. 메라비언 박사는 메시지가 감정에 미치는 효과의 55퍼센트는 보디랭귀지에서 나온다고 말한다. 이는 사장이 말하는 모습을 가리킨다.

나머지 38퍼센트의 효과는 목소리의 높낮이와 말하는 속도, 리듬, 그리고 잠시 멈춤의 힘에서 나온다. 내가 말하는 '튠'은 바로 이런 원칙에서 나온 것이다.

어떤 사람의 전달력을 알아보기 위해 반드시 얼굴을 마주할 필요는 없다. 미소를 들을 수 있다는 말도 있지 않은가.

내 말을 못 믿겠으면 음성메시지로 시험해보라.

먼저 자신에게 보내는 1분짜리 메시지를 평소의 목소리로 남겨라. 그 다음은 최대한 미소 지으면서, 마치 바로 옆에 있는 사람에게 말을 하는 것처럼 같은 내용의 음성메시지를 남겨라. 그리고 두 메시지를 비교해보라. 어떤 메시지가 당신을 더 잘 보여주는가?

당신이 무슨 일을 하는 사람이건, 말에 무게를 싣고 싶다면 '톤'을 어떻게 사용할지 먼저 배워야 한다. 말을 무기로 삼는 직업들, 말하자면 강사나 정치인, 방송인들은 내 말의 뜻을 금세 알아들을 수 있을 것이다.

트럼프 대통령를 떠올려보라. 정치적 입장은 잠시 접어두더라도, 그가 청중들에게 연설할 때 보여주는 자신감은 저절로 존경심이 생길 정도다. 대통령 선거운동 기간에 엄청나게 막말을 쏟아냈던 그는 심지어 이런 말을 내뱉은 적이 있었다.

"나는 뉴욕 시내 한복판에서 총으로 사람을 쏘고 나서도 (손으로 총을 쏘는 시늉을 했다) 한 사람의 지지자도 잃지 않을 자신이 있습니다.”

이 말에 사람들은 폭소를 터뜨리며 환호했다. 트럼프의 표정과 제스처로 보아 충분히 그러고도 남을 것 같은 느낌을 주었기 때문이다. 나는 도널드 트럼프가 사람들의 예상을 깨고 대통령에 당선된 것은 무엇보다 소통 방식이 남달랐기 때문이라고 본다.

트럼프는 언어와 보디랭귀지, 그리고 톤을 적절하게 결합해서 전달할 때 메시지가 훨씬 더 강하고 설득력 있게 작용한다는 '7-38-55 원칙'을 누구보다 잘 알고 있었던 것이다. 앨버트 메라비언 박사는 자신의 이론을 설명하면서, 이런 말로 결론을 맺고 있다.

“무슨 말을 하느냐가 중요한 게 아니라 어떻게 전달하느냐가 더 중요합니다.”

무엇을 듣는가보다
어떻게 느끼는가가 중요하다

———

소설가 마크 트웨인Mark Twain은 거칠고 상스러운 욕을 잘하는 사람으로 유명했는데, 아내는 이를 무척 싫어했다. 하루는 그가 면도를 하다 실수로 살을 베자 엄청난 욕설을 내뱉었다.

그때 아내가 그가 쏟아낸 욕설을 하나도 빠짐없이 다 적고는 면도를 마친 남편에게 그대로 읽어주었다. 그러자 그가 빙그레 웃으며 이렇게 말했다.

"어떻게 그걸 다 받아 적었지? 그런데 내가 뱉은 욕을 다 적기는 했지만 튠을 제대로 살리지는 못했군."

말의 내용도 중요하지만 어떻게 말하는가가 더 중요하다는 사실을 알려주는 일화다. 그렇다면 정확히 어떻게 딱 맞는 튠을 전달할 수 있을까? 지금부터 그 이야기를 하겠다.

1. 진실만을 말하라

말을 하면서 상대방이나 분위기에 딱 맞는 튠을 만드는 일은 쉽지 않은 작업이다. 자칫 잘못하다가는 상대에게 쓸데없는 오해를 불러일으킬 수 있기 때문이다. 경박하다, 오버한다, 산만하다 등등 본의와는 전혀 다른 말을 들을 수 있다.

가장 효과적인 방법은 진실을 말하는 것이다. 이는 달리 설명이 필요 없다. 그냥 있는 그대로 꾸밈없이 말을 하면 된다. 거짓을 말한다는 것은 어떤 악기가 모든 음을 반음씩 내려 낮은 소리가 나게 연주하는 것과 비슷하다. 그 정도로 빤히 표시가 나고, 다른 악기와 불협화음을 만든다.

사람은 누구나 거짓말을 할 경우 표정이 억지스러워져서 입으로 표현되는 말과 일치하지 않게 된다. 바로 튠의 일관성을 잃게 되는 것이다. 무슨 말을 하든 상대를 현혹시키려고 작정하고 덤비는 사기꾼이라면 표정 변화가 없겠지만 보통 사람은 반드시 표시가 난다.

그러나 아무리 타고난 사기꾼이라 해도 언젠가는 말의 앞뒤가 맞지 않아 거짓이 들통나게 된다. 한 번 거짓말을 하면 다음엔 그것을 감추기 위한 더 큰 거짓말이 필요해진다는 말이 있지 않은가.

2. 당당하게 말하라

당신이 스스로에 대한 확신이 있다면 사람들에게 믿어달라고 말하는 건 그리 어려운 일이 아니다. 그러니 그냥 당당하게 말하라. 그러면 당신의 말은 자연스럽게 당신의 톤과 일치할 테고, 당신의 진심이 담길 것이다.

상대는 단순히 당신의 말만 듣는 게 아니다. 태도, 표정, 말과 함께 전달되는 느낌을 통해 당신을 믿게 된다. 이런 광경은 세일즈맨의 세계에서 자주 볼 수 있다.

여기 이제 막 자동차 판매 회사에 입사해서 세일즈 교육을 마친 두 사람의 세일즈맨이 있다. A는 훤칠한 외모에 달변으로 윗사람들로부터 장래가 촉망된다는 말을 들었다. 반면에 B는 작달막한 키에 수줍음이 많은 사람으로 어느 모로 보나 세일즈하고는 거리가 있어 보였다.

그러나 1년 후의 실적을 보니 모두의 예상을 벗어나 있었다. A는 10여 명의 신참들 가운데 거의 꼴찌 수준의 실적을 보였지만 처음부터 누구로부터도 기대를 받지 못했던 B는 단연 1등의 실적을 올렸다.

무엇이 성적을 좌우했을까? 사장은 그들의 성공과 실패를 꼼꼼히 들여다본 후에 한 가지 놀라운 결과를 알아낼 수 있었다. 바로 고객들의 평가였다. A에 대한 고객의 평가는 대개 이런 것이었다.

"말만 번지르르할 뿐, 신뢰가 가지 않는다."

"약속을 잘하지만, 거의 지키지 않는다."

반면에 B에 대한 평가는 정반대였다.

"언제나 진지하고 당당하게 말을 하는 게 믿음이 간다"

"고객의 입장에서 생각하는 태도가 마음에 들었다."

이제 무슨 이야기를 하려는지 이해가 갈 것이다. 말을 현란하고 화려하게 잘하는 게 문제가 아니다. 조금 서툴게 말을 하더라도 논리적이고 믿음을 주는 말투가 당신을 믿게 하는 출발점임을 잊지 말자.

3. 스스로를 납득시켜라

나는 어렸을 때 재미있는 아르바이트 경험을 했다. 고등학교 졸업반 때 친구와 리틀야구Little baseball, 만 12세 이하의 유소년들로 이루어진 아마추어 야구단 심판을 보는 아르바이트였다. 우리는 여러 경기에서 함께 심판을 했는데, 그때마다 항상 친구가 부러웠다. 왜냐하면 그는 나보다 키가 15센티미터쯤 더 컸고, 몸무게도 20킬로그램쯤 더 나가는데다 목소리도 나보다 엄청 우렁찼기 때문이다.

그래서 그런지 그가 판정을 내리면 아무도 문제 삼지 않았지만, 나는 키도 작고 목소리까지 가늘어서 판정을 내리면 모두가 벌떼같이 달려들어 이의를 제기했다. 그와 나는 스트라이크, 볼, 아웃, 세이프라는 똑같은 단어를 사용했지만 판정에 대한 사람들의 반응은 완전히 달랐다.

너무나 속이 상했던 나는 집에 돌아와 아버지에게 아르바이트를 그만두고 싶다고 했다. 아버지는 내가 야구에 관해서는 뭐든 열심이고, 아르바이트를 몹시 중요하게 여긴다는 걸 아셨기에 의아한 표정을 지었다.

그래서 그동안 있었던 일들을 솔직하게 말씀드리자 아버지는 내가 어떻게 판정을 내렸는지 진짜 경기에서 하는 것처럼 보여 달라고 했다. 내가 심판 자세를 잡고 한쪽 손을 들고 '아웃!'이라고 외치자 아버지는 더 이상 말하지 않아도 알겠다고 하셨다.

그날, 나는 밤늦도록 아버지가 만족할 때까지 수백 번을 외쳤다.

"아웃!"

"아웃!"

"아웃!"

아버지는 자정이 가까워서야 내 어깨에 손을 얹으시고 이렇게 말씀하셨다.

"모든 경기에서, 지금 네가 한 것처럼 크고 확신에 찬 목소리로 판정을 내려라. 너 자신의 판단에 확신을 가지고 세상 끝까지 들릴 것처럼 우렁차게 외쳐라. 네가 세상에서 가장 뛰어난 심판이라고, 너 자신을 설득시켜라. 그러면 아무 문제가 없을 거다. 너를 설득하지 않으면 누구도 설득시킬 수 없다는 걸 잊지 말거라!"

다음 날부터 나는 그렇게 했고, 다음부터는 누구도 내 판정에 이의를 제기하지 않았다.

우리는 매일같이 반복되는 일상에서 결정적인 선택이 필요한 순간들과 마주친다. 그런 순간에 말을 잘해야 하는 것은 당연하지만, 더 중요한 사실은 그에 어울리는 권위가 있어야 한다는 것이다.

누가 당신에게 어떤 일을 할 수 있겠느냐고 물을 때, 그들이 원하는 것은 단순히 당신이 할 수 있다고 대답하는 게 아니다. 그들이 원하는 것은 당신이 정말 할 수 있는 사람처럼 힘 있고 자신 있는 목소리로 대답하는 것이다.

그러기 위해 필요한 것은, 당신이 그런 인물이라고 스스로를 설득하는 일이다. 자신조차 납득하지 않는 일은 남들도 절대 납득하지 않는다는 사실을 명심하라.

4. 자기만의 진짜 목소리를 찾아라

사람들이 제각기 처한 상황에 따라 무의식적으로 목소리가 달라진다는 걸 아는가? 이렇게 한 사람이 다양한 목소리를 내는 모습을 직접 목격하고 싶으면 비행기를 타고 여행해 보면 된다.

승객들이 승무원과 짧은 대화를 나눈다. 그런데 그 승무원이 자리를 옮겨 기내방송을 할 때는 목소리가 좀 전과 너무 달라져서 도저히 같은 사람이라고 볼 수 없는 이상하고 기계적인 음성이 나온다. 어떤 차이가 있는 것일까?

왜 그런지는 몰라도 사람들이 안내방송을 할 때는 기계적이고 단조로운 목소리로, 일상적인 대화에서는 절대로 사용하지 않는 톤으로 말해야 한다는 인식이 있는 것 같다. 반면에 마이크를 사용하지 않을 때는 그런 말투를 쓰는 사람이 아무도 없다.

일상적인 목소리와 마이크용 목소리는 우리가 흔히 사용하는 다양한 목소리의 하나일 뿐이다. 프레젠테이션이나 세미나에서 발표하는 사람의 단조로운 목소리도 마찬가지다.

나는 강의를 진행하면서 일상적인 용어와 톤을 유지하려고 애를 쓰는 편이다. 강의용 스피치는 내 사전에 없다. 같은 의미에서, 나는 수강생들에게 업무를 보거나 회의를 하면서 자기만의 진정한 목소리를 찾고 유지하는 게 중요하다고 말한다.

평상시의 언어 표현 방식을 유지한다고 해서 너무 격식을 차리지 않고 무례하게 말하라는 뜻이 아니다. 예의를 지키되, 가식이나 과장을 섞어 말함으로써 스스로를 기만하는 표현 방식에 빠지지 말라는 뜻이다.

5. 자신만의 캐릭터를 찾아라

지금까지의 이야기를 한마디로 요약하면, 적절한 톤과 자신의 실제 목소리로 진심을 다해 얘기하라는 것이다. 가장 바람직한 것은 의식적으로 노력하지 않고도 자기만의 이야기를 자연스럽게 표현할 수 있는 상태가 아닐까? 이는 누구나 충분히 가능한 일로, 단지 꾸준한 연습이 필요할 뿐이다.

하지만 여기에 한 가지 보탤 것이 남아 있다. 자기만의 캐릭터를 최대한 살려야 한다. 나는 청중 앞에 선 지 30년이 넘었지만, 공식적인 무대 데뷔는 고등학교 2학년 때였다. 그때 나는 연극반 활동을 했는데, 선생님이 복도에서 나를 불러 세우더니 이번에 무대에 올릴 연극에 오디션을 보라고 하셨다.

나는 며칠 동안 오디션을 치른 다음, 놀랍게도 주인공으로 발탁되었다. 당시 나는 연기에 대해 전혀 모르는데다 까칠하고 나이 많은 역할을 하자니 몹시 힘들었지만 기분만은 하늘을 찌를 듯 기뻤다.

　연습을 하다 보니 대사를 외우는 건 어렵지 않았는데, 역할에 녹아들기가 쉽지 않았다. 내가 힘들어하는 걸 보신 선생님은 그때부터 내게 이상한 질문들을 마구 던졌다.

　"주인공이 무슨 자동차를 몰았을 것 같니?"

　"그는 어떤 요리를 먹었을 것 같니?"

　"그는 어떤 집에서 살고 있을 것 같니?"

　"그는 무슨 음악을 좋아할까?"

　처음엔 이런 질문들이 연기를 하는데 무슨 도움이 되는지 알 수 없었지만, 그래도 어떻게든 대답을 생각해내려고 애를 썼다. 선생님의 질문은 한동안 계속되었는데, 언제부터인가 질문을 받아도 별로 어렵지 않게 대답할 수 있게 되었다.

　그런 과정을 거치다 보니, 나는 단순히 내가 맡은 역할을 연기하는 게 아니라 그 캐릭터와 온전히 하나가 될 수 있었다. 그건 내가 대사를 잘 외운다거나 연기를 잘해서가 아니라 주인공의 삶에 나 자신을 완전히 투영했기 때문이었다.

　몇 년 뒤, 나는 뉴욕에서 보험 회사 영업사원으로 사회생활을 시작했다. 입사 면접시험이 생각난다. 나는 면접시험이 있기 전 한 달 동안은 식사도 보험 회사 영업사원처럼 먹고, 걸음도 보험 회사 영업사원처럼 걷고, 옷도 보험 회사 영업사원처럼 입었다.

나는 면접시험에서 모든 질문에 아주 쉽게 답할 수 있었다. 왜냐하면 내가 지난 한 달 동안 정말로 보험 회사 영업사원이었기 때문이다. 나는 테스트를 통과한 정도가 아니라 그 회사 면접시험 사상 제일 높은 점수를 받았다.

당연한 말이지만 나는 그 뒤 스포츠 심리 코치로 지내면서, 그리고 지금은 성공학 강의를 전문으로 하는 사람으로서 어린 시절 연극반 선생님으로부터 배운 방법을 그대로 적용하고 있다.

6. 주어진 역할에 충실하라

세계적인 비즈니스 컨설턴트인 브라이언 트레이시는 이렇게 말했다.

"당신이 무엇을 믿든 그렇게 된다고 느낀다면, 그것은 당신의 현실이 될 것이다."

이 말은 이렇게도 바꿔서 표현할 수 있다. 다른 사람들의 신뢰를 얻기 바란다면 우선 자기 자신이 스스로를 정말로 신뢰한다는 느낌을 가져야 한다. 연극으로 말하자면 자기가 맡은 역할의 캐릭터 분석이 완벽해야 한다는 것이다.

나는 영화배우 중에서 다니엘 데이 루이스Daniel Day Lewis 를 좋아한다. 그가 나오는 영화를 보면, 그가 어떤 캐릭터를 연기하든 그를 그 역할의 최고 적임자라고 믿게 된다.

그는 자신이 연기하는 인물에 대해 지독하리만큼 깊이 있게 파고드는 배우로 유명하다. 이런 노력 덕분에 2012년 타임지는 그를 세계에서 가장 위대한 배우의 한 사람으로 선정했다. 다음은 그의 대표작들이다.

⊛ 링컨 Lincoln, 2012

데이 루이스는 영화 제작 기간 내내 감독 스티븐 스필버그를 포함한 모두에게 자신을 '대통령 각하'로 불러달라고 요청했다.

그리고 자신이 간신히 찾은 링컨의 목소리를 제대로 연기하는데 방해가 되지 않도록 영국 출신 배우들에게 자신과 얘기할 때는 영국식 발음을 하지 못하도록 했다.

⊛ 갱스 오브 뉴욕 Gangs Of New York, 2002

데이 루이스는 1840년대부터 1863년까지 뉴욕을 배경으로 피로 물든 미국의 역사를 그려낸 이 영화를 위해 실제로 도축 기술까지 배웠다.

그는 자신의 캐릭터에 완전히 빠져서 추운 날씨에도 따뜻한 코트 입기를 거부했는데, 이유는 그런 코트가 영화 배경인 1863년 당시에는 나올 법하지 않은 것이라고 생각했기 때문이었다. 그는 결국 폐렴에 걸렸는데, 항생제 역시 그 시대에는 없었다며 한동안 거부했다.

⊛ 아버지의 이름으로 In The Name Of The Father, 1993

데이 루이스는 무고하게 수감되었던 실존 인물을 사실적으로 표현하기 위해 영화 촬영 장소로 사용 중이던 아일랜드

폐교도소의 차가운 독방에서 며칠 밤을 보내곤 했다. 또한 경찰의 심문을 받는 장면을 준비할 때는 일부러 3일 동안 밤을 꼬박 새기도 했다.

⊛ 라스트 모히칸 The Last Of The Mohicans, 1992

데이 루이스는 아메리카 원주민들이 그랬듯이 동물을 사냥해서 손질하는 법을 배웠고, 야생 생존 훈련까지 받았다. 그는 촬영 기간 동안 자신이 화승총이나 아메리카 원주민이 쓰던 가벼운 도끼인 토마호크tomahawk로 사냥한 동물이 아니면 먹지 않았다. 그만큼 역할에 몰입하기 위해서였다.

⊛ 나의 왼발 My Left Foot, 1989

데이 루이스는 뇌성마비 환자였던 시인 크리스티 브라운Christy Brown을 연기하기 위해 촬영 기간 내내 휠체어에서 내려오지 않았고 세트장에서 돌아다닐 때 제작진의 도움을 받았다. 또한 그의 고집으로 제작진은 그에게 모든 식사를 떠먹여줘야 했다.

데이 루이스는 단순히 대사를 외우는 것보다 훨씬 더 많은 것을 했다. 그는 자신을 비우고 자신이 연기하는 각각의 캐릭터의 행동과 삶을 온전히 받아들였다. 그는 단지 대사를 외우는 게 아니라 자신이 표현하는 캐릭터 자체가 됨으로써 관객들이 영화에 100퍼센트 몰입할 수 있게 했다.

당신은 고객을 만나기 전에 얼마나 준비를 하는가? 그저 웹사이트를 둘러보는 정도의 준비를 말하는 게 아니다. 당신이 얼마나 진지하게 고객에 대해 사전 조사를 하는지 물어보는 것이다.

고객이나 고객이 속한 기업의 핵심 가치는 무엇인가? 그들이 추구하는 기업 가치는 무엇이고, 고객이 좋아하는 취미나 소속되어 있는 단체는 무엇인가? 고객이 당신에게서 기대하는 바는 무엇인가? 그들과 함께 하면서 공유할 수 있는 이득은 또 무엇인가? 그들과 거래하면서 우리 쪽에서 그들에게 줄 수 있는 실제적인 이득은 무엇인가?

당신이 맡은 역할에 대해 더 많은 관련 자료를 파고들수록 당신의 역할은 더 정확해지고 폭넓어질 것이다. 당신이 캐릭터를 이해하기 위해 더 많은 시간을 투자할수록 당신은 더 직관적이고 진정성 있는 연기를 펼칠 수 있을 것이다.

마찬가지로 당신이 특정 고객이나 기업에 대해, 그리고 앞으로 하게 될 일의 범위에 대해 더 깊이 이해했다면, 당신이 연기할 캐릭터를 잡기가 더 쉬워진다. 이것이 믿음의 기초이자 처음과 끝이 되는 것은 두말할 필요가 없다.

구체적인 예를 들어보자. 젊은 영업사원들 대부분은 나이 많은 고객들이 자신의 나이가 어리다고 자신의 역량을 의심할까 봐 걱정한다. 이 걱정은 자신도 모르게 불안하고 방어적인 캐릭터를 만들어내고, 고객들은 이를 미숙하다고 받아들인다. 결국 그들의 걱정은 자기 실현적 예언이 되고 만다.

그런데 만약 젊은 영업사원들이 자신의 나이를 다른 식으로 해석한다면 어떤 일이 벌어질까? 만약 그들이 자신의 캐릭터를 혁신적이고 최첨단 기술에 정통하며 다양한 해결방안에 쉽게 접근할 수 있는 사람이라고 설정했다면 어떻게 될까?

　그리고 그들이 진정으로 자신이 그런 사람이라고 믿는다면 어떤 결과가 나올까? 아마 그들이 어떤 행동을 하고 어떤 말을 하든, 그들이 만들어낸 뛰어난 캐릭터가 이를 뒷받침해줄 것이다. 그들은 고객에게 미숙한 젊은이가 아니라 나이에 비해 현명한 인재로 비춰질 것이다.

　이처럼 고객에게 자신의 지식과 질문을 보다 자연스럽게 전달할 수 있기에 자신의 캐릭터를 잘 아는 게 중요한 것이다. 만약 당신이 닮고 싶은 이상적인 캐릭터가 뭔지 안다면, 그리고 정말 그런 사람이 된다면, 당신의 사고방식과 전달방식은 연습을 그리 많이 하지 않아도 충분히 진실하게 느껴질 것이다.

☑ 자기표현력을 높이는 5가지 방법

➊ 진실만을 말하라

누구나 거짓말을 할 경우 표정이 억지스러워져서 입으로 표현되는 말과 일치하지 않게 된다. 바로 튠의 일관성을 잃게 되는 것이다. 상대를 현혹시키려고 작정하고 덤비는 사기꾼이라면 표정 변화가 없겠지만 보통 사람은 반드시 표시가 난다.

➋ 당당하게 말하라

당신이 스스로에 대한 확신이 있다면 다른 사람들에게 믿어달라고 말하는 건 그리 어려운 일이 아니다. 그러니 그냥 당당하게 말하라. 그러면 당신의 말엔 진심이 담길 것이고, 자연스럽게 당신의 튠과 일치할 것이다.

➌ 스스로를 설득하라

누가 당신에게 어떤 일을 할 수 있겠느냐고 물을 때, 그들이 원하는 것은 당신이 정말로 잘할 수 있는 사람처럼 힘 있고 자신 있는 목소리로 대답하는 것이다. 그러기 위해 필요한 것은 당신이 그런 사람이라고 스스로를 설득하고, 납득하는 일이다.

❹ 자신만의 진짜 목소리를 찾아라

나는 강의를 하면서 항상 일상적인 용어와 톤을 유지한다.
강의용 스피치는 내 사전에 없다. 평상시 언어 표현 방식이라
해서 격식을 무시하고 무례하게 말하라는 게 아니다. 가식이나
과장을 섞어 말함으로써 자기기만에 빠지지 말라는 뜻이다.

❺ 자신만의 캐릭터를 최대한 살려라

나는 보험 회사 면접시험이 있기 전 한 달 동안 식사도, 옷도
보험 회사 영업사원처럼 먹고 입었다. 나는 면접시험에서 모든
질문에 아주 쉽게 답할 수 있었고, 당연히 합격했다. 왜냐하면
나는 한 달 동안 정말로 보험 회사 영업사원이었기 때문이다.

❻ 주어진 역할에 최대한 충실하라

당신에게 주어진 역할에 대해 더 많은 관련 자료를 파고들수록
그 역할에 대한 지식은 더 정확해지고 폭넓어질 것이다.
당신이 캐릭터를 이해하기 위해 더 많은 시간을 투자할수록
당신은 더 직관적이고 진정성 있게 행동할 수 있을 것이다.

Part 5.

비를 맞으며 달리는 걸
두려워하지 마라

과오가 많을수록 그 사람은 이전보다 나아진다. 그만큼 새로운 경험이 쌓이기 때문이다. 내가 만일 경영자라면 한 번도 실책이 없는 사람, 그것도 큰 잘못을 저질러보지 못한 사람을 높은 자리에 앉히는 일은 하지 않을 것이다. 그런 사람은 무사안일로 지내온 사람이 틀림없기 때문이다.

_ 피터 드러커 Peter Drucker, **미국의 경영학자**

재미도 없고 보람도 없는
일상의 반복

식품 회사에서 배송 업무를 맡고 있는 코니 커렌스는 오늘도 사장에게 호되게 꾸중을 들었다. 사장은 그의 면전에서 정신 똑바로 차리라며 이렇게 일할 거면 당장 그만두라고 소리쳤다.

이 회사는 시내의 레스토랑 거래처들에서 식자재 주문이 들어오면 그날그날 때맞춰 납품하는 일을 하는데, 코니는 하루 종일 자신에게 할당된 지역을 돌며 주문받은 식품을 배달했다.

식품이라는 특성상 납품 시간을 맞추는 일이 제일 중요했다. 주문이 들어오면 신선도를 유지하기 위해 번개처럼 운반해야 하는데, 코니는 이 부분에서 실수가 많았다.

엉뚱한 식품을 배달하거나 깜빡하고 배달을 잊고 그냥 지나쳤다가 나중에 불호령이 떨어져서야 허겁지겁 되돌아갈 때도 있었다. 이렇게 되면 레스토랑은 당장 신선한 식자재가 없기 때문에 장사를 망칠 수 있다.

　당연히 레스토랑 측은 회사로 연락해서 온갖 욕설을 늘어 놓으며 거래를 끊겠다고 으름장을 놓는다. 진짜 최악은, 정 말로 거래를 끊어버리는 레스토랑이 있다는 것이다.

　그럼에도 코니가 이 일을 계속할 수 있는 이유는 사장과 가까운 인척관계이기 때문이었다. 코니의 아버지가 사장이 어릴 때 많은 도움을 주었기 때문에 사장은 울며 겨자 먹기 로 코니를 채용하고 있었다.

　하지만 코니는 마음에 들지 않는 건 피차 마찬가지라고 생각했다. 코니도 이렇게 지루하고 보람 없는 일을 반복하 며 인생을 낭비하느니 여차하면 때려치울 생각을 하고 있으 니 말이다.

　매일같이 혼자 일하다 보니 너무 무료한데다 지나치게 센 노동 강도에 비해 연봉이 터무니없이 낮은 것도 그에겐 불 만이었다. 이것도 불만, 저것도 불만, 코니의 삶은 그렇게 불 만과 불평으로 얼룩져 있었다.

그의 하루 일과는 마치 시계추 같았다. 아침 5시에 출근해서 납품 물량과 거래처를 확인한 뒤 배달을 시작하면 금세 오전이 가고, 회사로 돌아와 점심식사를 하고 다시 오후 배달을 시작해야 한다. 코니는 자신이 끝도 없이 쳇바퀴를 도는 다람쥐가 된 것처럼 느껴졌었다.

그는 항상 그만둘 궁리만 했다. 새벽같이 일어나 회사로 오는 동안 오늘은 기어코 사표를 내던지겠노라고 수없이 다짐하는 그였다. 하지만 이 일을 하기 전에 5년 동안 지긋지긋하게 실업자 생활을 해본 그로서는 차마 그럴 엄두를 내지도 못했다.

문제는, 사람들로부터 점점 고립된다는 느낌이었다.

'뭔가 생산적인 일을 하고 싶다.'

'정말 적성에 맞는 일을 하고 싶다.'

'하루를 일해도 기분 좋게 할 수 있는 일을 하고 싶다.'

이런 생각이 요즘 그의 머릿속을 꽉 채우고 있었지만 자신의 적성이 무엇인지 알 수 없기에 항상 고민의 원점에서만 빙빙 돌았다. 그렇다고 이제 와서 적성에 맞는 일을 찾아

나선다는 건 엄두가 나지 않았다.

　진짜 문제는 이렇게 재미없게 지내다 보니 누구도 그를 좋아하거나 믿어줄 리가 없다는 것이었다. 코니조차도 누구도 자신에게 호감 어린 시선을 보내지 않는다는 사실을 잘 알고 있었다.

　이따금은 그런 생각을 한다. 왜 나는 이렇게 현실에 불만이 많을까? 누구보다 즐겁게 일하고, 주위 사람들의 신뢰를 받고, 보람과 희망을 동시에 품고 살면 어떻게 될까? 아무리 자제하려고 해도 마음속에서 저절로 솟아나는 패배감 때문에 미칠 지경이었다.

우리가 기꺼이
위험을 감수해야 하는 이유

———

나는 열렬한 영화광이다. 여섯 살 무렵 형과 마을의 작은 극장을 드나들면서 나의 영화 사랑은 시작되었다. 우리 가족은 주말이면 어김없이 극장으로 향했는데, 부모님은 거의 모든 장르의 영화를 가리지 않고 보았다.

내가 영화에 대해 말할 때마다 최고 작품으로 추천하는 영화가 있다. 사후세계를 다룬 영화 〈영혼의 사랑Defending Your Life〉이 그것이다.

유독 이 작품에 애착이 가는 이유는, 우리가 어떻게 살아야 할지에 대해 단순하면서도 묵직한 울림이 있는 메시지를 던지기 때문이다. 이 영화는 우리에게 결과가 어찌 될지 모

른다고 두려워하기보다 위험을 기꺼이 감수해야 하는 이유
에 대해 말한다.

　죽음은 대부분의 사람들이 거론하기를 꺼려하는 암울한
소재지만, 감독이자 주연을 맡은 앨버트 브룩스Albert Brooks
는 코미디언 출신답게 이야기를 무척이나 말랑말랑하고 아
기자기하게 풀어나간다.

　영화에서 사후세계가 돌아가는 시스템은 아주 간단하다.
죽은 사람들은 며칠 동안 '심판의 도시'에 머물면서 지나간
삶을 돌아보는 시간을 갖는다. 먼저 검사와 변호사가 자리
한 법정에서 그가 살아 있을 때의 모습을 몇 개 장면으로 편
집한 영상이 상영되며 논의가 시작된다.

　두 명의 판사가 증거로 채택된 영상을 검토하고, 검사의
의견과 변호사의 변론을 들은 후 그가 그때 왜 그런 행동을
했는지 판단한다. 그런 다음 그가 천국으로 갈지, 아니면 다
시 지구로 돌아가 자신의 실수를 바로잡고 새로운 삶을 살
지 평결을 내린다.

　영화에서 정말로 흥미로웠던 점은 판사가 평결을 내리는 기준이었다. 놀랍게도 그 기준은 살아 있을 때 얼마나 많은 재산을 모았는지, 얼마나 대단한 업적을 이뤘는지는 아무 상관이 없었다. 이 영화에서는 어떤 사람의 인생이 성공인지 실패인지를 단 하나의 질문으로 판가름했다.

　"당신은 살면서 두려움을 극복했는가, 아니면 굴복했는가?"

　잠시 이 질문에 대해 생각해보기 바란다. 당신은 지금까지 살면서 단지 두렵다는 이유만으로 어떤 결정이나 행동을 하지 않으려고 회피한 경험이 얼마나 되는가?

　당신이 포기한 것은 누군가와의 대화, 상대하기 곤란한 사람과의 인간관계, 새로운 아이디어를 발표하는 일, 혹은 상사들 앞에서 행하는 프레젠테이션일 수도 있을 것이다.

　흔히 두려움은 뭔가 새로운 핑곗거리를 찾아내게 하거나 억지 논리를 들이대게 하고, 뒤로 한없이 미루는 습관을 만들기도 한다. 사실 우리는 단지 두렵다는 이유만으로 등을 돌렸던 많은 일들이 나중에 그 일을 감당한 누군가에게는 커다란 행운으로 돌아온 경우를 목격하며 땅을 치기도 한다.

하지만 감당하기에 벅찬 일을 밀고 나가기 위해 내면에 가득했던 두려움을 뛰어넘을 때, 우리는 커다란 만족감을 맛보게 된다. 이런 감정은 성공했느냐, 실패했느냐의 결과와는 상관이 없는 일이다. 일단 시도했다는 사실만으로도 자부심을 느끼기 때문이다.

그러나 두려움에 더 많이 굴복할수록, 시도하기를 악착같이 반대하는 내면의 목소리는 더 크고 단호해진다. 포기하고 굴복하는 경험이 쌓일수록 이 목소리는 기승을 부리며 우리를 아주 쉽게 무릎 꿇게 만든다.

하지만 이와는 반대로 두려움과 정면 대결을 하겠다고 결정하고 두 주먹을 불끈 쥐고 일어서면 지금까지 포기와 체념을 부추기던 목소리는 꼬리를 내리게 된다.

이 영화에는 정말 멋진 장면들이 많은데, 그중에서 주인공 브룩스가 자신의 변호사에게 이렇게 묻는 장면이 있다.

"우리 인생에서, 어떻게 두려움이라는 감정이 그렇게도 결정적인 요인이 될 수 있나요?"

이에 변호사가 대답한다.

"두려움은 짙은 안개와 같아요. 당신의 머릿속에 떡하니 자리 잡고 아무것도 못 들어오게 하죠. 솔직한 감정, 진정한 행복, 참된 기쁨 같은 것들은 절대 그 안개를 뚫지 못해요. 하지만 당신이 용기를 내어 안개를 걷어낸다면 당신 앞에는 상상도 못했던 짜릿한 인생이 기다리고 있어요."

그렇다면 문제는 하나만 남는다고, 이 영화는 가르쳐준다. 안개에 굴복할 것인가, 아니면 뛰어넘을 것인가. 우리의 지난 삶을 얼룩으로 물들였던 숱한 패배는 어쩌면 눈앞의 안개에 지레 겁을 먹고 털썩 무릎을 꿇었기 때문은 아닐까?

일단 힘껏 용기를 내어 안개를 걷어내면 상상도 하지 못할 만큼 짜릿한 인생이 기다리고 있다는 사실을 깨닫자. 이제 할 일은 하나밖에 없다. 두 팔을 걷어붙이고 안개를 걷어내는 것이다. 두려움에 맞서는 용기, 바로 그것으로 말이다.

"실패할까 봐 시작하기도 두렵다…."

"못 끝내도 괜찮으니 일단 시도는 해보자."

당신을 차분하게 해줄
한 마디 말

———

나처럼 강의가 직업인 사람은 별의별 질문을 다 받는다. 그 중에 자주 듣는 질문은 대중 앞에서 말을 하는 공포증을 어 떻게 극복할 수 있었느냐는 것이다.

그때마다 나는 어떤 일이든 수천 번쯤 반복하면 더 이상 그 일을 두려워하지 않게 되는 법이라고 대답하지만, 질문 자는 좀체 만족한 표정을 짓지 않는다.

강의가 전문이 아닌 일반인들은 그 정도의 긴장감을 수천 번이나 느낄 일이 없고, 굳이 느끼고 싶지도 않을 것이다. 그러면 일반인들의 공포증은 어떻게 극복할 수 있을까? 요 즘 나는 그런 질문을 받으면 이렇게 대답한다.

"청중들이 당신을 응원하고 있다고 생각하세요."

여기서 청중은 단지 연단에 서 있는 당신을 보러 온 사람들만을 의미하는 건 아니다. 당신을 인터뷰하는 한 사람이 될 수도 있고, 당신의 물건을 사줄 잠재 고객이 될 수도 있으며, 직장의 선배나 동료가 될 수도 있다.

일단 청중이 당신을 응원하고 있다고 생각하라는 말이 사실이라고 가정하고, 이어서 내가 이렇게 말했다고 생각해보라.

"방금 전에 당신의 강의를 기다리는 사람들을 만났는데, 모두들 당신의 강의를 무척 기대한다고 하더군요."

모든 의심을 잠시 내려놓고, '만약 그게 사실이라면 사람들과 만나는 걸 더 이상 불안해하지 않고 자신 있게 행동할 수 있지 않을까?'라고 생각해보라. 그렇다, 이제 남은 것은 당신의 능력을 증명하는 일이다.

우리는 보통 자신의 입장에만 집중하느라 쇼를 기다리는 청중들과 그들이 무엇을 필요로 하는지를 잊어버린다. 나는 오랫동안 다양한 계층의 청중들을 만나왔는데, 나의 강의를 통해 뭔가 최소한의 정보라도 얻고 싶다고 말하는 사람은 만나본 적이 없다. 사실은 그 반대였다.

- 청중들은 내게 자기들의 시간을 허비하고 싶지 않다고 했다.
- 청중들은 준비가 덜된 강사는 싫다고 했다.
- 청중들은 자기들을 배려하지 않는 강사는 싫다고 했다.

요약하자면, 청중들은 당신의 성공을 응원한다는 것이다. 당신이 좋아서 그러는 게 아니라, 당신을 응원하는 일이 자기들을 응원하는 것이고, 결국 자기들의 이익으로 돌아오기 때문이다. 그렇기에 경험 많은 강사들은 대중 앞에서 강의하는 불안감을 어떻게 대처하느냐는 질문에 이렇게 답한다.

"두려움에 집중하기보다는 당면한 과제에 집중합니다."

즉, 그들은 당면한 과제인 '고객 만족'에 집중한다는 뜻이다.

영화 〈영혼의 사랑〉에서 변호사는 이렇게 말한다.

"당신의 삶에서 두려움을 모조리 없애버릴 수는 없지만, 그것을 적절하게 통제할 수는 있습니다."

두려움을 어떻게 다뤄야 하는지 이해하는 것, 그리고 다른 사람들이 두려움을 어떻게 다루는지 아는 것은 그래서 중요하다. 다음은 내가 살아오면서 실제로 실행하고 있는 두려움 대처법이다.

1. 자신의 약점을 순순히 인정한다

청소년기는 큰 걱정이 없는 시절이다. 하지만 20대가 되어 첫 직장에 다니기 시작하면서 우리는 그런 시간과 작별을 고하고, 전혀 예상치 않았던 문제를 고민하기 시작한다. 그것은 나이에 대한 걱정이다.

"내가 너무 어려서 고객이 나와 대화하는 걸 불편해하지 않을까? 회사가 내 직급에 비해 역량이 부족하다고 생각하는 건 아닐까? 내가 조금만 나이가 많으면 좋을 텐데……."

당신이 만약 20대 직장인이라면 이런 걱정에 마음을 앓았던 적이 많을 것이다. 나이와 경험의 부족을 걸림돌로 생각하는 것이다.

그러나 시간이 흐르면 이제는 얼마나 나이가 어린지보다 얼마나 나이가 들었는지를 더 걱정하는 시기가 온다. 특히 회사에서 일이 잘 안 풀리는 사람들은 나이에 더 집착하는 경향이 있다. 그들은 중요한 미팅에 참석하면서 이런 생각을 하곤 한다.

"분명히 고객은 나보다 어린 사람을 원할 텐데……."

터무니없이 나이가 어리거나 많지만 않다면 나이를 약점으로 생각할 수 없는 게 상식인데 스스로 그것을 핸디캡으로 여기니, 여기서 문제가 시작된다.

자기 스스로 쌓아올린 부정적인 생각으로 자꾸 부자연스러운 태도로 일관하는 당신을 상대방은 결코 자연스럽게 보지 않을 것이다. 그러면 그 미팅은 십중팔구 실패로 귀결될 것이다.

비즈니스 상담이건, 취업 면접에서건, 아니면 젊은 남녀 사이의 데이트이건 다 마찬가지다. 자기에게 약점이라고 생각되는 것들을 인정하고 받아들이는 것이 두려움을 이기는 지름길임을 잊지 말자.

2. 새로운 가능성에 눈을 돌려라

우리 모두에게는 약점이 있는데, 그것을 각자의 장애라고 가정해보자.

이상하게 들릴지도 모르지만, 장애는 우리를 인간답게 한다. 나는 장애가 없다고 말하거나 아예 없어 보이는 사람은 다른 사람들에게 믿음을 주기 힘들다고 생각한다. 왜냐하면 저마다 가진 다른 장애와 이에 적응하는 능력이 우리를 특별하게 만들어준다고 믿기 때문이다.

장애는 스스로가 생각하기에 신체적으로나 정신적으로 모자란 부분인데, 안타깝게도 대부분의 사람들은 이것에 발목이 잡히는 경우가 많다. 그런데 가만히 생각해보면, 다른 사람들에게 나의 장애가 문제가 될 거라는 생각을 심어준 사람은 나 자신이다.

다른 사람들에게 나의 장애를 걱정하게 만든 장본인은 바로 나 자신이라는 얘기다. 이런 스토리가 얼마나 잘못되었는지를 설명하기 위해 내 친구가 키우는 윤기 나는 까만 털을 가진 래브라도 리트리버 종의 반려견에 대해 말하겠다.

　하루는 그 개가 문가에 털썩 주저앉아 숨을 못 쉬고 있었는데, 알고 보니 갑자기 이유를 모르게 하반신이 마비된 것이었다. 수의사는 개의 허리에 문제가 있다는 진단을 내리면서 어쩌면 뒷다리 하나를 절단해야 할지 모른다고 말했다.
　6시간의 긴 수술 끝에 개는 살아났지만, 의사의 말은 현실이 되고 말았다. 뒷다리 두 개 중에서 오른쪽 발을 통째로 절단했던 것이다. 내 친구는 자식처럼 아끼는 개의 처참한 모습에 할 말을 잃고 말았다.

　6개월 동안 재활치료를 받은 개는 다시 걸을 수는 있었지만, 걸음걸이는 당연히 자연스럽지 않았다. 개는 앞발로 천천히 일어서서 뒷다리 하나를 들어 크게 원을 그리듯이 움직인 다음, 그것을 기둥으로 삼고 앞다리 두 개를 차례로 교차해서 움직이는 식으로 걸었다.
　우리가 보는 대부분의 개는 네 발로 경쾌하게 움직이는 경우가 태반인데 비해, 이 녀석의 움직임은 얼마나 부자연스러운가. 그런데 내 친구는 가끔 집에 오는 사람들이 걱정 어린 표정으로 괜찮으냐고 물으면 웃으면서 이렇게 대답했다.

"물론이지, 아무 문제없어!"

이렇게 주인이 대수롭지 않게 여기며 예전과 똑같이 대하자 개는 스스로도 별일 아니라고 생각한 것 같았다. 장애는 조금 불편할 뿐 삶을 훼방하는 걸림돌이 절대 아니라는 사실을 뒤뚱거리는 몸짓으로 보여주고 있었다. 그 개는 그 뒤로도 10년 동안 자신만의 멋지고 독특한 장애를 가지고 살았다.

우리는 저마다 장애를 안고 살고 있다. 여기서 내가 확실히 말할 수 있는 것은, 당신이 장애를 그리 중요하지 않게 여기고 당신이 그것을 잘 다스리고 있다면 그것은 삶에 별 영향을 미치지 못한다는 사실이다.

이는 달리 말하면, 당신이 장애를 어떻게 생각하고 그것을 어떻게 밖으로 표출하느냐에 따라 주위 사람들의 인식이 완전히 달라진다는 것이다. 헬렌 켈러는 이런 말을 남겼다.

"세상에는 많은 고통이 있지만, 그것을 이겨내게 하는 것들도 그만큼 많이 있다."

문제는, 눈앞의 두려움은 보지만 그것을 이겨내게 하는 것에는 눈길을 주지 않는데 있다.

너무 어리거나 나이가 많거나, 키가 너무 크거나 작거나, 스펙이 모자라거나 넘치거나, 내성적이거나 외향적이거나, 신체적으로나 정신적으로 장애가 있거나 없거나 등 저마다의 사정에 얽매이면 자기에게 주어진 다른 기회를 결코 잡을 수 없다. 헬렌 켈러는 말한다.

"하나의 문이 닫히면, 다른 하나의 문이 열린다. 그러나 우리는 닫힌 문을 보느라 우리에게 열린 새로운 문을 보지 못한다."

이렇게도 말할 수 있다. 사람들은 저마다의 장애로도 이미 너무 정신이 없기 때문에 당신이 가진 장애에 신경 쓸 겨를이 없다. 따라서 당신이 할 일은 당신의 장애로 무엇을 할 수 있는지 생각하는 것이다.

당당하게 가슴을 펴고, 당신 앞에 열려 있는 새로운 문을 보라. 그러면서 당신의 장애를 당신만의 자랑스러운 강점으로 만들어 세상에 내놓아라. 일단 자신의 약점을 힘껏 껴안으면 약점은 더 이상 당신을 통제할 수도 없고 성공을 방해할 수도 없다.

3. 비를 맞으며 달리는 걸 두려워하지 마라

으슬으슬한데 비까지 오는 어느 일요일에 차를 몰고 가다가 온몸이 젖은 채 묵묵히 달리기를 하고 있는 사람을 본 적이 있는가? 어쩌면 당신은 '대체 어떤 바보가 이런 날씨에 달리기를 하겠다고 나온 거지?'라고 생각했을지 모른다.

그렇게 쏟아지는 빗속에서 달려본 적이 있는 사람으로서 확신하는데, 여기엔 단순히 보이는 것 이상의 뭔가가 있다. 원칙을 따르다 보면 가끔 벌어지는 불가피한 상황이 그것이다.

　나는 한창 젊었을 때 달리기를 무척 좋아했다. 처음에는
10킬로미터 달리기부터 시작해서 그 다음은 하프 마라톤을
뛰다가 어느새 풀코스 마라톤을 완주할 정도가 되었다.

　그러자 사람들은 나에게 마라톤 훈련을 어떤 식으로 하느
냐고 묻곤 했다. 그러면 나는 항상 비가 올 때도 달릴 각오
로 하면 된다고 대답하며 혼자 웃는다. 사람들이 그게 무슨
뜻인지 모를 게 뻔하기 때문이다.

　나에게 빗속에서 뛴다는 표현은 중요한 의미를 지니고 있
다. 이 말이 무슨 뜻인지 이해하려면 먼저 내가 마라톤 훈련
을 어떻게 했는지 설명이 필요하다.

　마라톤 풀코스인 42.195킬로미터를 달리기란 결코 쉽지
않다. 그렇더라도 누구나 마라톤을 완주할 수는 있지만 아
무리 체력이 뛰어난 사람이라도 아무 준비 없이 갑자기 달
릴 수는 없다. 그만큼 훈련에 최선을 다해야 한다는 의미인
데, 이 말은 영양 섭취에서부터 목표 설정까지 모든 부분을
신경 쓴다는 뜻이다.

그중에서도 가장 중요한 것은 매주 빠짐없이 정해진 거리를 달려야 한다는 원칙이다. 가령 아마추어라면 일주일에 56킬로미터 정도를 뛰겠다고 정할 수 있다. 하루 평균 8킬로미터인 셈이다.

마라톤 완주에 성공하는 사람들은 일단 훈련에 돌입하면 일주일 동안 정해놓은 거리만큼은 무조건 사수한다. 때로는 직장의 업무나 집안의 대소사, 날씨, 그날의 기분 등으로 어느 날은 다른 날보다 쉽거나 어려울 수 있지만 완주에 성공하는 사람은 어떤 경우에도 자신이 정한 훈련의 총량을 채운다.

방금 '어떤 경우에도'라는 단서를 달았는데, 이 말은 훈련에 성실한 사람은 '보통'이라는 단어에 무척 부정적이기 때문이다. 일반적으로 우리가 어떤 일을 하는 데 영향을 줄 수 있는 상황은 너무나 많은데, 대부분의 사람들이 보통 여기에 좌우될 때가 많다.

그들은 머릿속에서 왜 내가 그날, 혹은 그 주에 달리지 않아도 되는지 그럴싸한 핑계를 계속 속삭이는 내면의 소리에 굴복한다. 언제나 상황에 따라 그만둘 만한 사정은 있는 법이다. 그 주에 당신이 56킬로미터를 달릴 수 없는 이유는 항상 있게 마련이라는 얘기다.

나는 꽤 여러 번 일요일마다 부족한 훈련량을 채웠고, 그 중에는 비가 오거나 바람이 몹시 부는 날도 있었다. 그래도 나는 아무튼, 무조건, 어떤 경우에도 핑계대지 않고 한 번 세운 목표를 기어코 채우려고 했다.

이러한 철칙은 내 삶과 업무에 큰 도움이 되었다. 나는 1993년에 첫 번째 책을 출간했는데, 이전에 책을 써본 경험도 없었고 조언을 해줄 선배 작가도 없었다. 그런데도 나는 일단 저술 작업에 착수했다.

나는 책을 쓰는 일도 마라톤과 비슷할 거라고 생각하고, 달리기와 똑같은 방식으로 일주일에 완성해야 할 원고의 양을 정했다.

나는 이미 작가로 활동하는 많은 사람들이 한 치의 흔들림 없이 매주 정해놓은 목표량만큼 글을 써낸다는 사실을 나중에 알았다. 내가 아는 어느 작가는 이런 말을 했다.

"머릿속으로 '이번엔 안 되겠어. 다음에 제대로 하면 되겠지'라고 투덜거리기보다는 힘들어도 할 수 있는 만큼 목표량을 나눠서 설정하고 무조건 따르면 절대 실패하는 법이 없습니다. 마음이 약해질 때마다 들리는 목소리를 무시하면 목소리가 머릿속에서 완전히 사라지지는 않더라도 무시해도 될 만큼 작아지게 됩니다."

이런 효과를 맛보기 위해 반드시 마라톤을 준비하거나 책을 쓸 필요는 없다. 우리 모두에게는 자신만의 목표가 있다. 어떤 목표는 단기적이고, 어떤 목표는 장기적이다. 분명한 사실은 장기적인 목표를 이루려면 단기적으로 흔들림 없는 노력이 필요하다는 점이다.

가끔씩 으슬으슬한데 비까지 오는 일요일이라도 운동화 끈을 단단히 매고 밖으로 나가 달려야 한다. 무엇보다 가장 중요한 것은 목표한 일은 목숨과 바꾸겠다는 각오로 원칙을 지키는 일이다.

4. 반복하고 또 반복하라

토마스 에디슨은 전구에 사용할 필라멘트를 찾기 위해 수백 가지의 물질들을 가지고 실험을 했다. 그러면서 그는 실패를 반복할 때마다 하지 말아야 할 또 하나의 이유를 발견한 것에 만족하며 새로운 도전에 나섰다.

그 결과, 공기 중에서 면사를 가열하면 얇은 두께의 순수한 탄소만 남는다는 사실을 알아냈다. 에디슨은 탄소 필라멘트를 공기가 없는 유리 전구 안에서 전선과 연결했는데, 이 최초의 실용적인 전구는 다른 전구보다 여러 시간이나 더 오랫동안 사용할 수 있었다.

나는 에디슨의 반복 실험을 생각할 때마다, 조금은 다른 이야기지만 연극 연출가이자 내 친구인 메이 클리프가 떠오른다. 그는 함께 작업하는 배우들을 마음 깊이 믿어줄 뿐 아니라 그들이 자기 나름으로 캐릭터를 다양하게 해석하는 능력까지 믿어주는 연출가로 유명하다.

그가 연출한 작품들은 매번 큰 성공을 거두는데, 그것은 우연이 아니라 꼼꼼한 설계의 결과라고 한다. 그는 작품을 연출하는 데 있어서 대단히 체계적이다. 먼저 그는 장면마다 배우들이 무대에서 어떻게 움직일 것인지 세밀하게 동선을 짜면서 연습을 진행했다.

이때 배우들은 자신의 대사를 외우면서, 동시에 무대에서 자신이 있어야 할 위치를 정확하게 파악했다. 일단 배우들이 그가 만족할 정도로 기본적인 사항을 숙지하고 나면, 이제부터는 배우들이 각자의 역할을 해석하고 마음껏 실험해보는 분위기를 만들어주었다.

그는 배우들이 자신의 캐릭터를 잘 이해할 거라는 믿음이 있기에 그들이 다양한 시도를 할 수 있도록 자율에 맡겼다. 바로 여기에 연출가로서의 그의 천재성이 숨어 있다. 이를 분석해보면 다음과 같다.

- 그는 배우가 연습을 하면서 자신의 캐릭터에 이런저런 변화를 주는 것이 역할을 철저히 분석했기 때문이라는 사실을 알았다.

- 그는 배우가 연기를 더 완벽하게 하려고 할수록 자신의
  연기를 지루하게 느낄 위험성이 있는 사실을 알았다.
- 그는 배우가 일단 그런 감정을 느끼게 되면 자신의 연기
  에 부정적인 생각을 하기가 쉽다는 것을 알았다.
- 그는 배우가 연기에 대해 부정적인 생각을 품을 수는 있
  지만 그렇다고 관객들까지 같은 반응을 보일 리는 없다는
  것을 알았다.

그래서 클리프는 다음과 같은 규칙을 엄격히 적용했다.

첫째, 배우들은 자신이 맡은 역을 다양하게 해석할 수는
있지만, 이런 실험은 공연이 무대에 오르기 2주 전까지만
가능하다.

둘째, 일단 공연 2주 전이 되면 배우들에게 '시도는 여기
까지'라고 주문한다. 즉 어떤 경우에도 배우들이 더 이상은
정해진 캐릭터를 조정할 수 없다는 뜻이다.

셋째, 이때부터는 각자 정한 캐릭터의 성격에 따라 서로
간에 호흡을 맞추고 이를 통해 연극이 이루려는 목표에 최
대한 다가간다.

이 이야기의 핵심 키워드가 무엇인지 알겠는가? 바로 '반복'이다. 반복은 두말할 필요도 없이 당신이 심적으로 부담되는 상황에 대비하는 데 든든한 조력자가 된다. 뛰어난 연기자일수록 정말 필요한 것은 연기가 완전히 몸의 일부가 될때까지 똑같은 연기를 계속해서 반복하는 것이라고 말한다.

그러고 나면 무대에서 실제로 공연을 할 때 몸에 날개를 단듯이 자유로워진다고 한다. 수많은 관객 앞에서 역할에 대한 두려움이 가슴을 짓누를 때, 그런 얽매임에서 벗어나 자유로운 영혼으로 연기를 펼칠 수 있는 일보다 더 좋은 게 있을까?

5. 어떤 경우에도 담대하라

자신의 마음을 속일 수 없다는 말이 있다. 그러나 나는 이말에 의문을 품고 있다. 메소드 연기Method acting를 하는 배우들을 보면 내 말이 억지가 아니라 사실임을 알 수 있다.

메소드 연기는 많은 훈련과 리허설을 통해 배우들이 캐릭터와 감정적으로 완전히 하나가 되는 극사실주의 연기를 말한다. 예를 들면 배우가 눈물을 흘리는 장면에서 정말로 눈에서 눈물이 떨어지는데, 이는 배우가 과거에 자신이 그런 감정을 느꼈던 때를 떠올리면 실제로 그런 고통을 경험할 수 있기 때문이다.

자기 자신에 대한 믿음을 갖지 못할 때, 우리도 메소드 연기를 하는 배우처럼 스스로에 대한 믿음이 충만했던 시기를 떠올리면 어떻게 될까? 예를 들어 상대하기 힘든 고객과의 미팅에서 이런 마음가짐으로 대한다면 어떤 결과가 나올까?

나의 설득을 받아줄지 모르는 상사와의 면담 자리에서 이전에 성공했던 경험을 살려 그때의 긍정적인 감정을 활용한다면 어떻게 될까? 나의 고백을 받아들일지 알 수 없는 여자친구에게 예전에 진심을 담아 얘기해서 누군가의 마음을 움직였던 경험을 살린다면 어떻게 될까?

나의 사무실에는 로버트 슐러Robert Schuller 목사의 말이 벽에 걸려 있다. 한때 내 아들에게 이것을 목걸이에 새겨서 목에 걸고 다니게 할 만큼 내가 좋아하는 명언인데, 아마 당신도 그 말을 기억해두면 힘이 될 것이다.

"실패할 리 없다는 사실을 미리 알고 있다면 당신은 어떻게 행동하겠는가?"

절대로 실패할 리가 없을 만큼 성공 확률이 100퍼센트인 어떤 일을 앞두고 있다면, 가령 밥을 먹는 일이나 목욕하는 일 같은 걸 앞두고 있다면 누구라도 두려워하기는커녕 즐겁게 생각할 것이다.

두려움에 대해서도 같은 논리로 말할 수 있다. 절대로 두렵지 않다는 사실을 미리 알고 있는 것처럼 담대하게 행동하라. 살면서 우리가 두려움에서 완전히 자유로울 수 없지만, 이런 담대함으로 대한다면 두려움을 얼마든지 약화시킬 수는 있다.

두려움은 우리가 막연하게 생각하는 것들에 부정적인 상상력이 더해져서 만들어진다. 따라서 두려움의 적은 우리가 그 실체를 제대로 파악하는 것이다. 로버트 슐러 목사의 말을 한 마디로 줄이면 바로 이것이다.

"어떤 경우에도 담대하라. 실패할 리 없다는 생각이 당신을 실패하지 않게 한다."

☑ 도전을 즐기는 5가지 방법

❶ 자신의 약점을 순순히 인정한다

스스로 쌓아올린 부정적인 생각의 탑에 짓눌려 자꾸 부자연스러운 태도로 일관하는 당신을 상대방은 결코 미더워하지 않을 것이다. 차라리 자기에게 약점이라고 생각되는 것들을 인정하고 받아들이는 것이 두려움을 이기는 지름길이다.

❷ 새로운 가능성에 눈을 돌려라

당당하게 가슴을 펴고, 당신 앞에 열려 있는 새로운 문을 보라. 그러면서 당신의 장애를 당신만의 자랑스러운 강점으로 만들어 세상에 내놓아라. 일단 자신의 약점을 힘껏 껴안으면 약점은 더 이상 당신을 통제할 수도 없고 성공을 방해할 수도 없다.

❸ 비를 맞으며 달리는 걸 두려워하지 마라

이번엔 안 되겠다며 포기하기보다는 할 수 있는 만큼 목표량을 나누고 착실히 실행하면 절대 실패하는 법이 없다. 마음이 약해질 때마다 들리는 목소리를 무시하면 목소리가 머릿속에서 완전히 사라지지는 않더라도 무시해도 될 만큼 작아지게 된다.

④ 반복하고 또 반복하라

반복은 심적으로 부담되는 상황에 대비하는 든든한 조력자가
된다. 뛰어난 연기자일수록 연기가 완전히 몸의 일부가
될 때까지 똑같은 연기를 계속해서 반복한다. 그러고 나면
무대에서 실제로 공연을 할 때 몸에 날개를 단 듯이
자유로워진다고 한다.

⑤ 어떤 경우에도 담대하라

실패할 리 없다는 걸 미리 안다면 어떻게 행동하겠는가? 성공
확률이 100퍼센트인 일을 앞두고 있다면 두려워하기는커녕
즐겁게 생각할 것이다. 두려움에 대해서도 마찬가지다. 절대로
두렵지 않다는 사실을 미리 알고 있는 것처럼 담대하게
행동하라.

Part 6

긍정의 눈과
긍정의 마음을 선택하라

배운다는 것은 이미 알고 있는 것을 찾아내는 일이다. 행한다는 것은 이미 알고 있다는 사실을 증명하는 일이다. 가르친다는 것은 다른 사람들에게 그들도 당신만큼 알고 있다는 사실을 다시 일깨워주는 일이다. 당신은 배우는 사람이며 행하는 사람이고, 동시에 가르치는 사람이다.

_ 리처드 바크Richard Bach, 미국의 소설가

신용보다 더 값비싼
재산이 있을까?

리처드는 오늘도 기분 좋게 출근했다. 캔자스시티에서 직원이 180여 명이나 되는 농산물 슈퍼마켓을 경영하는 그는 정말이지 입지전적인 인물로 불려도 손색이 없다.

이 회사는 미국 중부 지역 일대에서 생산되는 거의 대부분의 농산물과 식자재를 판매하는 곳으로, 캔자스시티를 넘어 미주리 주 일대에서 꽤나 유명한 곳이다.

20년 전에 이 회사의 말단 판매사원으로 입사해서 불과 5년 전까지만 해도 영업부장으로 일하던 그는 지금은 어엿한 CEO가 되었으니 성공한 사람이라는 말을 들어도 그리 과장은 아니다.

경영자가 된 지금도 그는 아침에 제일 먼저 출근해서 슈퍼마켓을 구석구석 돌아보며 그날 판매될 상품의 품질과 가격을 일일이 확인하고, 판매원들과 직접 눈을 마주치며 인사를 나눈다.

그가 5년 전에 모든 임원들을 제치고 이 회사의 CEO로 발탁된 것은 15년 동안 그를 눈여겨봤던 창업자가 은퇴를 앞두고 그때 막 39세였던 리처드에게 최고경영자가 되어달라고 권유했기 때문이다.

이 결정에 이의를 제기하는 직원이 한 사람도 없을 만큼 그 선택은 환영을 받았다. 더 놀라운 일은, 그간 영업부장으로 일해온 그를 지켜본 수백 개의 거래처들이 일제히 쌍수를 들고 환영했다는 점이다. 그만큼 사람들의 신뢰가 깊었던 것이다.

경영을 맡아달라는 제안을 받았을 때, 그는 물었다.

"경험도 없고 실력도 안 되는 저를 선택한 이유가 무엇입니까?"

이런 물음에 사장은 빙그레 웃으며 단 한 마디로 대답했다.

"믿음이라네!"

사장은 직원들에게 줄곧 비즈니스는 신용이 전부라고 말해왔는데, 그 기준을 놓고 봤을 때 이 회사에서 리처드만한 인물은 없다고 했다. 식자재라는 상품의 특성상 신용이 바닥에 깔리지 않으면 오래 존속할 수 없는데, 리처드는 바로 이런 기업정신에 정확히 부합하는 인물이었던 것이다.

그러나 그게 전부는 아니었다. 그에겐 매사에 긍정적인 마음가짐과 저돌적인 추진력이 있었다. 긍정은 어떤 생각이나 사실을 의심하지 않고 일단 옳다고 인정하는 태도다. 리처드는 중요한 사업 결정을 할 때면 이렇게 말하곤 했다.

"일단 자신의 선택을 확신하고 긍정하라. 의심의 눈덩이는 가만히 놔두면 감당하기 어려울 정도로 덩치가 커지는데, 부정적인 생각이 쌓이면 그 뒤부터는 아무리 긍정적인 쪽으로 생각을 돌려도 소용이 없다. 마음에 스며든 부정적인 요소들이 병균처럼 전신을 오염시키기 때문이다."

창업자가 신용을 제일로 쳤다면, 리처드는 거기에 긍정을 덧붙였다. 인간관계에서의 믿음이나 비즈니스에서의 신용은 모두 긍정의 힘에서 출발한다. 생산자들과의 신용, 크고 작은 거래처들과의 신용, 그리고 무엇보다도 고객과의 신용이 없다면 어떤 비즈니스도 성립할 수 없다.

신용은 쌓기는 어렵지만 한 번 무너지면 걷잡을 수 없이 무너지기 때문에 유지하는 게 중요하다. 리처드는 오늘도 업무를 마감하면서 수고한 직원들의 손을 일일이 잡아주며 믿음의 마음을 건넸다. 그것은 직원들 모두의 존재감을 인정한다는 마음의 전달이었다.

절실하게 원하고,
치열하게 행동하라

——

당신이 긍정적으로 생각하고 말하고 행동한다면 사람들과의 신뢰관계를 튼튼하게 유지하는 데 도움이 되는 건 당연하다. 하지만 누구에게는 그런 삶이 쉬울 수 있지만 누군가에게는 무척 힘든 일일 수 있기 때문에 오래 지켜나가기가 어렵다.

긍정적인 사고방식은 타고나는 것일까, 아니면 후천적으로 배울 수 있는 것일까? 심리학의 오랜 논쟁거리인 이 물음에 대해 나는 긍정적인 사람이 되는 기본 공식이 존재하며, 이를 누구나 배울 수 있다고 생각한다.

이제부터 긍정적인 사람이 되려면 충족해야 하는 조건들

에 대해 알아보자. 하지만 전제가 있다. 그게 가능하려면 먼저 긍정적으로 변하게 될 자신의 새로운 모습을 절실히 원해야 한다.

1. 긍정의 눈을 선택하라

긍정적인 사람이 될 수 있는 첫 번째 조건은 건강이다. 얼마나 많은 사람들이 건강을 잃고 부정적인 틀에 갇히게 되는지, 우리는 주변에서 숱하게 발견할 수 있다. 우리 마을에 큰 병원이 하나 있어 출퇴근 시간에 울타리 너머로 환자들을 보게 된다. 어느 때는 나도 몸이 아파 병원에 들를 때가 있는데 환자가 너무 많아 깜짝 놀라곤 한다.

환자들을 볼 때마다 그들의 삶에 찌든 얼굴에 내 마음마저 어두워진다. 육체적 건강을 잃어버리면 마음의 건강을 유지하기가 어렵다는 사실을 그들을 보며 깨닫는다.

나는 성공과 동기부여에 관한 강의를 하면서 긍정적인 삶을 원한다면 건강부터 챙겨야 한다고 항상 강조한다. 건강은 성공적인 미래를 향해 달리는 사람이 제일 먼저 염두에 둬야 할 일이다.

두 번째 조건인 돈에 대해 생각해보자. 대부분의 사람들은 돈이 긍정적인 인간이 되는 것과는 아무 연결고리가 없다고 생각하는데, 나는 여기에 동의하지 않는다.

나도 젊었을 때는 자주 돈의 위력 앞에 무릎 꿇으며 비관적인 삶의 주인공 행세를 했었다. 시도하는 일마다 실패를 거듭하던 그때, 내 마음속에는 단 하나의 꿈만 있었다. 내게 큰돈이 생긴다면 제일 먼저 무엇을 할까?

그렇다고 나는 주눅 들지는 않았다. 아마 이것은 아버지의 가르침 덕분일 것이다. 아버지는 가난 탓에 하고 싶은 걸 못하면 노트에 적어놓았다가 나중에 어른이 되면 그것을 꼭 하겠다고 다짐하라고 말하셨다.

나는 그렇게 어릴 적의 꿈을 가슴에 새겼고, 어른이 되자 그것들 대부분을 직접 실행해보았다. 그러면서 깨달은 것은 어릴 때의 그런 습관이 나에게 자연스레 절제력이 되어 하나의 장점으로 자리 잡더라는 것이다.

이를 '기다림의 미학'이라고 부르는 사람들도 있다. 인내심을 가지고 때가 올 때까지 기다리는 태도가 성공으로 가는 길목에서 꼭 필요한 자산이라는 뜻이다.

돈이 많으면 없는 것보다는 좋을 것이다. 하지만 돈이 너무 많아서 하고 싶은 일을 마음껏 하고, 갖고 싶은 것을 실컷 손에 쥘 수 있으면 어떨까? 어려서부터 이런 생활에 익숙해지면 아마도 절제력은커녕 욕심의 무게에 짓눌려버릴지도 모른다.

모든 것엔 적당한 한계가 있어야 한다. 돈도 마찬가지다. 나는 당신이 앞으로 큰돈을 버는 사람이 되기 위해 이 책을 택했으리라고 보지 않는다. 혹시 그렇다면 당장 책을 덮고 재테크 관련 서적을 읽기 바란다.

그렇더라도 돈이 당신의 삶에 훼방꾼이 되도록 만들어서는 안 된다. 돈 때문에 발목이 잡혀 오도 가도 못하는 신세가 되면 긍정적인 삶은커녕 어둠의 그늘을 피할 수 없게 된다.

부지런히 일하고, 열심히 돈을 모아서 당신의 꿈을 이뤄 나가는데 도움이 되도록, 다시 말해서 돈이 긍정적인 삶의 지원군이 되도록 만들어야 한다. 사실 돈의 진정한 역할은 이런 것인지도 모른다. 돈이 주인이 되는 삶이 아니라 삶을 지원하는 보조자로서의 역할 말이다.

세 번째로, 삶을 바라보는 철학의 문제다. 사람마다 인생을 어떻게 바라볼 것인지에 대한 관점은 다를 수밖에 없다. 지금 곤경에 처해 있다면 삶은 그늘진 풍경으로 보일 수밖에 없고, 순풍에 돛을 단 듯이 진행된다면 하루하루가 햇빛 따사로운 아름다운 풍경화로 보일 것이다.

당신에게 인생은 지금 어떤 풍경으로 비치는가? 로마 시대 최고 지성 세네카는 이렇게 말한다.

"누군가 나에게 어째서 선한 사람이 고뇌와 역경에 시달려야 하고 악한 사람이 안락하게 잘 살고 있느냐고 묻는다면, 나는 이렇게 대답할 것이다. 신은 사랑하는 사람일수록 엄하게 대한다. 마치 유능한 교사가 제일 뛰어난 학생에게 가장 어려운 문제를 풀게 하는 것처럼 신도 큰 그릇이 될 만한 자질을 갖춘 사람에게는 일부러 어려움을 겪게 하는 것이다. 그러므로 고난이 겹친 역경 속에서라도 신이 너무 가혹하다고 불평하지 말고, 모든 것이 삶의 무대에서의 시험 문제라고 생각해야 한다."

이런 생각을 받아들이고 좀 더 의연하게 살게 되면 아무리 힘든 삶이 지속될지라도 희망을 포기하지 않게 되고, 삶을 바라보는 관점도 어둠에 묻히지 않을 것이다.

나는 직업상 다양한 계층의 다양한 사람들을 만날 수 있었는데, 무슨 이유에서인지 세상을 삐딱한 눈으로 바라보는 사람들이 많았다. 인생을 비판적인 시선으로 보면 자신이 굉장히 지성인이 된 것처럼 여기는 것일까?

나는 세상을 어떻게 보느냐에 따라, 다시 말해서 긍정적인 눈으로 보느냐, 아니면 부정적인 눈으로 보느냐에 따라 그 사람의 인생이 완전히 달라질 수 있다고 생각한다.

기업에서 강의를 하다 보면 다양한 성격의 담당자를 만나게 되는데, 역시 자기의 직무를 긍정적이고 적극적으로 임하는 사람들이 회사에서 빠르게 승진하고, 더 중요한 업무를 맡는 경우가 많았다.

그들은 한결같이 긍정의 힘이 자기를 성공의 길로 안내했다고 말한다. 거기까지 오는 동안 힘든 일도 많았지만, 어쨌든 눈앞에 펼쳐진 삶을 긍정의 눈으로 바라보는 습관만은 버리지 않았다고 말한다.

그런 자세가 그들을 신뢰받는 사람으로 만들었다. 세상이 그런 사람을 더 크게 쓰게 된다는 건 오랜 세월 변치 않는 원칙이니, 당신도 그런 사람이 되기를 바란다.

2. 행운이 정말로 왔을 때를 대비하라

요행을 바라는 건 실패자들이나 하는 짓이라고 말하는 사람들이 있다. 예를 들어 복권을 사려고 길고 긴 줄의 끝에 서 있는 사람을 보면 혀를 끌끌 차며 그럴 시간이 있으면 일을 하라고 말한다.

　그러나 나는 행운이 우리 인생에서 중요한 역할을 한다고 믿는다. 심지어 나는 행운을 제대로 이해한다면 긍정적인 마인드를 유지하는 데 좋을 뿐만 아니라 다른 많은 분야에서 성공할 확률을 높이는데 도움이 된다고 생각한다.

　나는 행운에 관한 나름의 철학이 분명한 사람이다. 이제부터 내 경험을 들려주겠다. 나는 어려서부터 야구를 좋아했고, 고등학교 때는 심판 아르바이트까지 했었다는 이야기를 앞에서 했다.

　나는 몇 년 전에 야구 경기장을 찾았었다. 2회 말이었는데, 타자가 친 파울볼이 1루 쪽 관중석에 있던 내 머리 위로 휙 날아가더니 경기장 벽을 맞고 튀어나와 다시 내 앞으로 지나가다 앞 좌석 모서리에 맞고는 어찌어찌해서 내 오른손에 쏘옥 들어오게 되었다.

　그때 관중석에는 27,761명의 야구팬들이 꽉 들어차 있었다. 그 많은 사람들 중에 바로 내가 버킷리스트에도 적어놓은 '야구 경기에서 파울볼 잡기' 항목을 달성하게 된 것이다. 누가 보면 27,761분의 1의 행운이라고 말할 수 있겠지만, 좀 더 깊이 보면 꼭 행운만은 아닐 수도 있다. 이제부터 그 얘기를 하겠다.

- 초등학교 때 나는 우리 집 거실에서 캐치볼을 하고 놀았다. 그때 상대가 없어서 혼자 벽에 공을 던지고 튀어나온 공을 받으며 시간을 보냈다. 나는 지금도 이따금 테니스공을 가지고 밖으로 나가 우리 집 벽을 향해 던지면서 캐치볼을 한다. 그러니 나는 벽을 맞고 나온 공을 받는 전문가라고 할 수 있다.
- 왼손잡이인 나는 공을 잡을 때는 오른손을 사용한다. 공이 약간 휘어져서 나의 오른쪽에 떨어졌을 때 냉큼 손을 뻗을 수 있었던 것은 그런 신체적 강점을 활용한 것이라 할 수 있겠다.
- 몇 년 전에 파울볼을 잡을 기회가 있었는데 놓친 적이 있다. 그때 볼을 잡겠다고 일어나면서 아무 생각 없이 그냥 남들을 따라 일어나는 바람에 기술적인 실수를 저질렀는데, 바로 캔맥주를 손에 든 채로 일어났던 것이다.

나는 반사적으로 캔맥주를 야구 글러브처럼 들어 올렸고, 공은 그것을 맞고 곧바로 튀어 엉뚱한 방향으로 날아가 버렸다. 그때 나는 내가 그 순간에 얼마나 준비가 안 됐었는지 깨달았고, 다음에 이런 기회가 또 온다면 공을 받을 준비를 완벽히 하겠다고 다짐했다. 어쩌면 실수를 통해 성장했다고도 할 수 있겠다.

무슨 말을 하려는지 알겠는가? 여기에 반복되는 패턴이 보이는가? 처음에는 단순히 운이 좋은 것처럼 보이던 상황이 이제는 꼭 행운 때문만은 아니라고 생각될 것이다.

이렇게도 말할 수 있다. 일상적으로 부딪치는 수많은 어려움들이 당신의 통제를 벗어나는 일이라고 생각할 수도 있겠지만, 다음에 이어지는 단계들을 차근차근 밟아나가면 당신의 성공 가능성은 한결 높아진다.

연습을 많이 할수록 스트레스를 받는 상황에서 일도 더 잘하고, 더 긍정적인 자세를 취한다는 건 널리 알려진 사실이다. 다른 사람들은 모두 공이 머리 위로 날아가는 걸 보고 공을 못 잡겠다고 포기하는 가운데 나만 벽에서 튀어나오는 공을 잡겠다고 공을 향해 고개를 돌린 건 결코 우연이 아니다. 수년간의 연습을 통해 나의 몸이 무의식적으로 그렇게 반응했던 것이다.

그날 나에게 야구 글러브는 없었지만 나의 양손은 반사적으로 공을 잡을 준비가 되어 있었다. 수년간 벽을 향한 캐치볼과 리틀야구 경험으로 다져진 실력으로 공을 잡을 수 있었던 것이다.

예전에 파울볼을 잡는 데 실패했을 때, 공이 날아오는 순간 무방비 상태로 캔맥주를 손에 들고 있었다는 게 실망스럽지 않았다고 하면 거짓말이다. 하지만 내가 관중석에서 사람들과 농담을 하고 장난을 치면서도 긴장을 늦추지 않고 경기 진행을 세심히 파악하고 있었던 건 결코 우연이 아니다.

그렇다면 수많은 연습과 준비, 고도의 집중력만 있으면 당신의 노력이 보상받을 거라고 장담할 수 있을까? 당연히 그렇지는 않다. 하지만 그런 노력들이 당신의 성공 가능성을 높이고 당신이 통제할 수 없는 상황에 긍정적인 자세로 대처하는 데 도움이 된다는 사실만은 분명하다.

내 경우만 하더라도 머리 위로 휙 지나가버린 공을 잡을 확률이 27,761대 1은 아니었다. 나는 평소에 그 가능성을 내게 훨씬 유리한 쪽으로 만들어놓고 있었다. 그렇기에 내가 공을 잡을 확률은 그보다 훨씬 높았다고 할 수 있다.

좀처럼 잡기 힘든 기회가 나에게 언제 찾아올지 누가 알겠는가? 나에게 중요한 의미가 있는 기회라면 그 기회를 잡기 위해 미리 준비할 수 있는 일을 해두는 게 당연하지 않을까?

당신이 행운을 바라고 시간과 노력을 투자한다고 해서 앞으로 무조건 당신 쪽으로 날아오는 모든 파울볼을 잡을 수 있다는 뜻은 아니다.

하지만 여전히 당신은 공을 향해 손을 뻗어야 할 것이고, 그럴 용기를 냈어도 공을 잡는 데 실패할 수도 있다. 그럼에도 여전히 당신이 바라는 일이 일어나기를 간절히 원해야 하고, 그에 따르는 마음의 준비가 되어 있어야 한다. 긍정이 행운을 부른다는 말을 이제 이해하겠는가?

3. 희망의 끈을 악착같이 움켜잡아라

우리는 희망을 과소평가하는 경향이 있다. 희망은 어려운 시기를 버틸 수 있게 해준다. 가끔 우리가 희망을 저버릴 때가 있지만, 희망은 절대로 우리를 버리지 않는다. 희망은 뒤 끝이 없다는 얘기다.

희망은 또 우리 곁에 아주 가까이 있기에, 우리가 조금만 생각을 바꾸면 쉽게 품에 안을 수 있다. 이렇게 말하면 희망이 마치 우리의 완벽한 동반자 같은데, 그렇다면 우리는 왜 그렇게 빨리 희망을 포기하는 것일까?

긍정적인 사람일수록 희망에 가슴이 들뜬다. 나는 미래에 대한 너무 큰 기대 때문에, 그러한 희망의 무게에 짓눌려 결국 실패하고 말았다는 얘기는 들어본 적이 없다.

오히려 그 반대다. 가슴에 희망을 꾹꾹 눌러 한가득 품고 있다면 성공 확률은 절대 줄어들지 않는다. 희망은 에너지를 만들어내고, 문제를 해결하고, 힘을 북돋워주고, 자신감을 불어넣기 때문에 그럴 일은 절대로 없다.

그런데 왜 희망이 절실하게 필요해보일 때조차 희망을 품는 사람들을 찾아보기 힘든 것일까? 뭐가 그렇게 두렵기에 희망을 품는 일에 머뭇거리는 것일까? 알고 보니 이유가 있었다. 그것은 바로 '실망'이다.

희망이 컸는데 일이 뜻대로 되지 않으면 반드시 실망이 따른다. 이럴 경우 우리는 보통 희망을 탓한다. 너무 큰 기대를 했기 때문에 실패했다고 생각하는 것이다. 실패 원인을 나 자신에게서 찾는 게 아니라 희망 탓으로 돌리는 것이다.

실망으로 인한 아픔보다 더 심각한 문제는 실망이 두려운 나머지 두 번 다시 희망을 품지 않는 일이다. 하지만 이렇게 말할 수 있다. 당신의 힘으로 통제할 수 없는 일에 도전할 때는 두 배의 희망을 품어야 한다고 말이다.

스코틀랜드의 작가 월터 스콧Walter Scott이 남긴 희망에 관한 유명한 말이 있다.

"한 마리의 개미가 한 알의 보리를 물고 담벼락을 오르다가 69번을 떨어지더니 70번째 이르러 마침내 목적을 달성하는 것을 보고 용기를 회복하여 적과 싸워 이긴 영웅의 이야기가 있는데, 이것은 오랜 세월 변치 않는 성공의 비결이다."

세상 사람들로부터 믿음을 얻고 희망을 주는 존재가 되기 위해서는, 희망의 끈을 절대로 놓지 않는 개미의 집요함이 있어야 한다는 얘기다.

4. 열망한다는 말의 진짜 의미

전화를 받거나 거래처 사람을 만났을 때 "요즘 어떻게 지내세요?"라는 질문을 얼마나 자주 받는가? 이 질문에 답하는 유형은 대개 다음과 같다.

"근근이 버티고 있어요."

"괜찮아요."

"매일 비슷하죠, 그래도 그럭저럭 잘 지내는 편이에요."

이들의 대답에서 찾아볼 수 있는 특징은 자신이 처해 있는 현재 상황을 긍정적으로 보이도록 묘사하지 않는다는 것이다. 왜들 이렇게 소극적으로, 심하게는 최대한 부정적으로 자기 모습을 표현하는 것일까?

이런 질문을 받으면, 나는 좀 다르게 대답한다. 대부분이 나의 대답을 들으면 처음엔 살짝 놀랐다가 조용히 미소 짓는데 거의 40년 넘도록 나의 대답은 항상 똑같다.

"행복합니다!"

그렇게 대답할 때마다, 나는 정말로 항상 변함없이 행복한 것일까? 내가 그렇게 대답하는 이유는 나 스스로에게 긍정적인 마인드를 부여하고, 그것을 유지하고 싶어서다. 내가 그렇게 대답하면 사람들이 이렇게 묻는다.

"그래요? 무슨 좋은 일이 있나 봐요?"

그러면 나는 그때마다 내가 행복한 이유를 생각해내려고 노력한다. 그러면 어떻게든 좋은 일들을 발견할 수 있고, 실제로 내 마음속에 행복한 기운이 소리 없이 번진다. 사람들이 내게 묻는다.

"긍정적으로 생각하고 행동하면 정말로 더 긍정적인 사람이 될 수 있나요?"

이런 질문에 대한 대답은 너무도 간단하다. 한 임상심리학자가 대학생 100명을 대상으로 실험을 한 결과가 그것을

말해준다. 그는 학생들에게 의식적으로 미소를 지어달라고
요청했다.

학생들이 입꼬리를 올려 행복한 표정을 짓자, 정말로 그
들의 뇌가 약속이나 한 듯이 긍정적인 감정을 느낀다는 것
을 센서를 통해 확인할 수 있었다.

뇌과학자들은 인간의 뇌는 의도적인 표정 변화에 곧이곧
대로 작동한다고 말한다. 일부러 찡그린 표정을 지으면 뇌
가 부정적인 방향으로 작동한다는 얘기다.

그렇다면 "요즘 어떻게 지내나요?"라는 질문을 받을 때
는 뇌가 긍정적인 감정을 발동할 수 있도록 기쁘고 감사한
일을 떠올리며 긍정적인 표정을 지을 필요가 있다. 이것이
바로 내가 항상 행복하다고 대답하는 이유다.

이를 실천하는 게 그렇게 어려울까? 나는 '걱정하다worry'
라는 단어를 싫어한다. '불안해하다nervous'는 말도 싫어한
다. 나도 걱정되고 불안할 때가 있지만, 굳이 그런 단어를
써서 뇌를 불안에 떨게 만들고 싶지 않다.

나는 인생이라는 경기에 나선 한 사람의 선수로서 마음 가득 걱정인 채로는 절대 시합에 나가고 싶지 않다. 나는 영업사원으로서 걱정에 사로잡힌 상태로는 절대 고객을 만나고 싶지 않다. 나는 강연가로서 걱정으로 머리가 복잡한 상태에서 절대 무대에 오르고 싶지 않다.

대신 나는 '열망하다anxious'는 말을 좋아한다. 사전은 이 말을 '열렬히, 혹은 진심으로 바라다'로 정의하고 있다. 가만히 앉아서 걱정만 하지 말고 열렬히 바라고 원하는 사람이 되자. 무대 뒤편 구석진 곳에 주저앉아 손톱을 물어뜯지 말고, 무대 한복판으로 나와서 객석을 향해 마음껏 희망을 외치는 사람이 되자.

나는 이제껏 걱정이 많은 사람에게 더 신뢰의 마음을 보낸 경우가 한 번도 없다. 나의 아이들이 내게 걱정되는 일이 있다고 말할 때마다 나는 이렇게 대답하곤 했다.

"아빠가 그 일을 걱정해서 일이 성공할 확률이 1퍼센트라도 높아진다면, 아마 아빠는 엄청나게 위대한 걱정 전문가로 이름을 날리고 있을 거야!"

5. 10점 차로 지는 게 20점 차로 지는 것보다 낫다

스포츠 경기에서는 한 팀이 경기에서 기세 좋게 경기를 진행하다가 눈 깜짝할 사이에 분위기가 바뀌는 일이 자주 일어난다. 특별히 신경 쓰지 않아도 잘 굴러가던 경기가 갑자기 안간힘을 다해도 잘 풀리지 않게 된다.

축구 경기로 치면 전반전은 물론이고 후반전에 들어서도 잘 나가던 경기가 경기 막판에 돌연 선수들이 실수를 연발하더니 이를 만회하려고 애를 쓸수록 플레이가 엉망이 되고 이윽고 역전되는 상황이다. 그러면 선수들은 패닉 상태가 되고, 시합은 시작할 때와는 전혀 다른 결과로 끝이 난다.

오랫동안 야구팀의 심리 코치를 하면서 경기가 이런 식으로 전개되는 경우를 수없이 지켜보았다. 이는 단순히 운이 나쁘다거나 감독이 결정을 잘못 내려서 벌어진 일이 아니다.

이럴 때 감독은 경기가 더 악화되기 전에 잽싸게 타임아웃을 신청한다. 선수들이 불안한 눈빛으로 감독 앞에 모이면, 감독은 스코어보드를 가리키며 씩 웃으면서 우리가 몇 점 차로 이기고 있는지 상기시킨다.

처음에는 우리 팀이 15점 차로 이기다가 지금은 5점 차이로 좁혀졌을 수도 있다. 점수 차가 얼마가 나든 상관없이 감독은 우리가 이기고 있다고 말한다. 분명히 이기고 있는데 왜 상대 팀 선수들보다 더 긴장하는가? 감독은 절대 그럴 일이 아니라며 선수들을 다독거린다.

복잡하게 생각할 일이 아니다. 상황을 객관적으로 보는 것은 팀이 다시 전열을 가다듬고 경기에 집중할 수 있게 한다. 이 방법은 우세한 경기를 펼치던 팀이 역전을 당할 때뿐만 아니라 지고 있는 팀에게도 효과적이다. 이럴 경우에는 이렇게 말하면 된다.

"10점 차로 지는 게 20점 차로 지는 것보다 낫지!"

살다 보면 누구나 고비가 있기 마련이고, 그 결과 삶의 분위기가 벼랑 아래로 굴러 떨어질 수도 있다. 예를 들어 다음과 같은 일이 당신에게 일어난다고 상상해보면 좀 더 이해하기 쉬울 것이다.

- 사업에 차질이 생겨 잠재 고객이 크게 줄어들었다.

- 현금 흐름이 이전보다 50퍼센트나 감소했다.

- 잠깐, 이런 상황을 좀 더 큰 틀에서 객관적으로 볼 수만 있다면 상황을 돌파하는 데 도움이 되지 않을까?

- 고객이 아예 없는 것보다는 낫다. 얼마 안 되지만 소통 가능한 고객이 있으니 사업을 키울 여지가 많다.

- 현금 흐름이 25퍼센트가 아니라 50퍼센트나 있어서 다행이다.

이런 태도를 '객관화'라고 부른다. 그것은 말 그대로 자기에게 직접 관련되는 사항을 제삼자의 입장에서 보는 것을 말한다. 물론 이런 식으로 바라본다고 해서 힘든 상황이 나아지는 것은 아니지만 적어도 문제를 지금까지와는 다른 각도에서 보게 해준다.

분위기의 갑작스런 변화에 휘둘리지 않는 사람은 없다. 하지만 성공한 사람들은 어려운 상황에서도 밝은 면을 보려고 노력한다. 그들은 힘든 상황에 빠졌을 때, '(   )보다는 (   )해서 다행이야'라고 생각하는 긍정적인 마인드를 유지하려고 한다.

　그런 마인드로 상황을 바라보면 정말로 지금까지 보지 못한 부분이 새롭게 모습을 드러낸다. 결코 이상한 일이 아니다. 내가 좋아하는 데일 카네기의 글에 이런 문장이 있다.

　"언제나 마음속으로 즐거운 듯이 웃으며 살아라. 어깨를 활짝 펴고 심호흡을 크게 하면서 힘차게 노래를 불러라. 노래가 아니라면 휘파람이라도 좋다. 휘파람이 아니라면 콧노래를 흥얼거려도 좋다. 그렇게 즐거운 사람처럼 행동하면, 슬프고 힘든 일이 있어도 결국 즐거운 사람이 되는 신비로운 체험을 하게 될 것이다."

　나는 자신이 성공하지 못하게 될까 봐 두려워서 소심하고 자신 없게 말하는 사람들보다 자신의 목표를 큰소리로 확실하게 다른 사람들에게 알리는 사람들이 더 존경스럽다.

　남들에게 당신의 원대한 목표에 대해 섣불리 말하다가 그것이 징크스가 되어 지금까지의 노력이 헛수고가 될 거라는 생각은 터무니없다. 오히려 완전히 그 반대다. 목표는 크게 잡을수록 더 열심히 열정적으로 일해야 할 동기를 제공한다.

따라서 당신의 목표를 남들에게 알리는 것은 당신이 책임감 있게 일을 진행하고 있는지 확인하고, 더 열심히 일할 수 있도록 응원하는 지원 시스템을 구축하는 것과 마찬가지다.

그러니 자신의 희망과 꿈에 대해 혼자 속으로만 중얼거리지 말고 온 세상 사람들에게 알리자. 이기든 지든, 아니면 무승부로 끝나든, 우리가 목표를 이루기 위해 최선을 다했다면 결과와 상관없이 자신의 노력에 자부심을 가져도 좋을 것이다.

6. 지금 당신이 가진 모든 것들을 소중히 여겨라

나는 직업상 장거리 여행을 많이 다니는데, 한 여행에서 일어났던 작은 사고에 대해 얘기하려 한다. 운은 좀 나빴지만, 이 경험 덕분에 나는 너무도 중요한 교훈을 얻을 수 있었다.

그 여행에서 슬펐던 부분은 이렇다. 나는 뉴욕에서 세미

나를 마치고 가족들과 만나 오랜 친구인 그라지스 가족과 며칠 동안 함께 보내기 위해 롱비치 행 기차를 탔다.

기차가 롱비치에 도착하자, 나는 가족들이 짐을 내리는 걸 돕느라 이리 뛰고 저리 뛰며 동분서주했다. 그런데 짐을 다 정리하고 보니 내 노트북 가방이 보이지 않았다. 그 가방에는 내가 지난 몇 달 동안 작업한 원고의 90퍼센트가 들어 있는 하드 드라이브가 있었고, 그 외에도 각종 열쇠와 신용카드도 있었다.

30년 넘게 꽤 많은 여행을 해왔지만 그런 식으로 물건을 잃어버린 적이 없기에 나는 가슴을 쥐어뜯으며 절망했다. 치매가 아닐까? 하지만 나는 그때 아직 40대 중반으로 치매에 걸릴 나이가 아니었다. 그건 순전히 가족들의 잡다한 짐을 챙기다가 생긴 실수였다. 그런데 여기서 더 중요한 얘기가 남아 있다. 그 여행에서 기뻤던 부분이 남아 있으니 말이다.

분실신고를 하기 위해 역 근처 경찰서로 달려가 경찰관에게 한참 경위를 설명하고 있는데 내게 전화가 왔다. 주인 없는 노트북 가방을 본 어느 승객이 그것을 챙겨서 자기 집으로 가져가는 중이라는 것이었다. 가방에 붙어 있는 나의 명함을 보았다고 했다.

전화를 받은 지 1시간 만에 나는 그 가방과 극적으로 상봉했다. 나는 마냥 행복했다. 하지만 더 중요한 얘기가 남았다. 아내와 딸과 함께 해안가의 호젓한 맨션에서 친구 부부와 즐거운 시간을 보내는 동안 나는 그저 행복한 정도가 아니라 세상을 다 가진 것 같았다.

그런데 생각해보니 나는 그날 하루 동안 좋은 일이 많았는데도 노트북 가방을 잃어버렸다가 찾기 전까지 진정으로 행복하다고 느끼지 못했다. 갑자기 날벼락을 맞을 뻔하다가 가까스로 피하고 나서야 진정한 행복을 느낀 것이다. 이게 이 얘기의 핵심이다.

왜 우리는 뭔가를 잃어버렸다가 되찾기 전까지는 기뻐할 만한 일상인데도 그걸 당연시하며 행복을 느끼지 못할까? 어떤 질병이 생겼을지 모른다는 말을 듣고서야 자신의 건강에 대한 소중함을 깨닫는 사람이 얼마나 많은가?

구조조정 명단에 자신의 이름이 포함되지 않은 걸 확인하고 나서야 직장이 있는 것만으로도 행운이라 생각하며 감사하는 사람은 또 얼마나 많은가? 어째서 우리는 지금 가지고 있는 것을 잃어버릴 수도 있다는 사실을 깨닫고 나서야 비로소 그것의 가치를 알게 되는 것일까? 자신의 인생에서 긍정적인 면에 집중하고 행복한 마음을 유지하는 게 왜 그렇게 어려울까?

어떤 사람이 꼭 긍정적이거나 부정적이거나 둘 중 한 쪽에 속해야 하는 건 아니다. 긍정적인 사고방식은 누구라도 언제 어디서든 배울 수 있고, 자기 것으로 만들 수 있다. 그러니 인생에서 긍정적인 변화를 이끌어내려면 다음의 기본적인 공식만 따르면 된다.

행운을 믿어라, 연습하고 준비하고 집중하라, 희망을 가져라, 긍정적으로 행동하라, 걱정이란 단어를 지워버려라, 시야를 넓혀라, 자신이 가지고 있는 것에 감사하라. 살면서 진정한 행복을 느끼려면, 이것으로 충분하다. 그밖에 뭐가 또 있겠는가?

☑ 긍정의 힘을 유지하기 위한 마음자세

---

❶ 긍정의 눈을 선택하라

돈이 당신의 삶에 훼방꾼이 되게 해서는 안 된다. 돈 때문에 발목이 잡혀 오도 가도 못하는 신세가 되면 어둠의 그늘을 피할 수 없다. 부지런히 일하고, 열심히 돈을 모아서 그 모든 것이 긍정적인 삶의 지원군이 되도록 만들어야 한다.

❷ 행운이 정말로 왔을 때를 대비하라

당신이 행운을 바라며 시간과 노력을 투자한다고 해서 무조건 당신에게 행운이 오는 것은 아니지만, 그래도 여전히 행운을 향해 손을 뻗어야 하고, 항상 바라는 일이 일어나기를 간절히 원해야 하고, 그에 따르는 마음의 준비가 되어 있어야 한다.

❸ 희망의 끈을 악착같이 움켜잡아라

한 마리의 개미가 한 알의 보리를 물고 담벼락을 오르다가 69번을 떨어지더니 70번째 이르러 마침내 목적을 달성하는 것을 보고 용기를 회복하여 적과 싸워 이긴 영웅의 이야기가 있는데, 이것은 오랜 세월 변치 않는 성공의 비결이다.

❹ 열망한다는 말의 진짜 의미

나는 열망이라는 말을 좋아한다. 가만히 앉아서 걱정만 하지
말고, 열렬히 바라고 원하는 사람이 되자. 무대 뒤 구석진 곳에
주저앉아 손톱을 물어뜯지 말고, 무대 한복판으로 나와서
객석을 향해 마음껏 희망을 외치는 사람이 되자.

❺ 10점 차로 지는 게 20점 차로 지는 것보다 낫다

남들에게 자신의 원대한 목표에 대해 섣불리 말했다가 그것이
징크스가 되어 지금까지의 노력이 헛수고가 될 거라는 생각은
터무니없다. 오히려 완전히 그 반대다. 목표는 크게 잡을수록
더 열심히 열정적으로 일해야 할 동기를 제공한다.

❻ 당신이 가진 모든 것들을 소중히 여겨라

행운을 믿어라, 연습하고 준비하고 집중하라, 희망을 가져라,
긍정적으로 행동하라, 걱정이란 단어를 지워버려라, 시야를
넓혀라, 자신이 가지고 있는 것에 감사하라. 살면서 진정한
행복을 느끼려면, 이것으로 충분하다. 그밖에 뭐가 또
있겠는가?

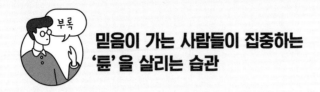

믿음이 가는 사람들이 집중하는 '튠'을 살리는 습관

상대와 대화를 할 때 신뢰받기 위해서는 말을 현란하고 화려하게 잘하는 게 문제가 아니다. 조금 서툴게 말을 하더라도 논리적이고 믿음을 주는 말투, 분위기가 더 중요하다. 즉 상대에게 어떻게 전달되는가를 주의 깊게 살펴야 한다는 뜻이다.

아무리 좋은 아이디어가 있더라도 자신감 없는 말투로 주저하며 말한다면 상대에게 신뢰감을 줄 수 없고, 자신의 아이디어마저 보잘것없게 만들 것이다. 그러니 자신의 말에 설득력을 입히고 신뢰를 더할 '튠'에 대해 자세하게 살펴보자.

❶ 말의 속도와 목소리의 높낮이

분위기를 띄워야 할 때는 빠르고 높은 목소리, 진중한 이야기를 할 때는 느리고 낮은 목소리. 이처럼 상대와 상황에 맞춰 말의 속도와 높낮이를 달리하자.

❷ 말의 리듬타기

상대에게 전달하고 싶은 메시지가 무엇인지 항상 염두에 둔다. 말의 강약과 내용의 수위를 조절하고, 어려운 단어를 자주 사용하지 않는다.

❸ 보디랭귀지와 얼굴 표정

이야기에 제스처를 더하면 메시지가 훨씬 더 설득력 있게 전달된다. 특히 얼굴 표정은 상대의 이야기에 공감하고 있다는 뜻을 나타내기에 중요하다.

❹ 잠시 멈추기

잠깐 말을 멈추고, 호흡을 가다듬어 본다. 이제껏 해왔던 말을 곱씹어보거나 상대의 기분을 파악하는데 긴요하다.

| 마치면서 |

희망을 넘어서

지난 30년 동안 수많은 자리에서 성공과 동기부여에 관한 강의를 하면서 느낀 것인데, 뜻밖에도 많은 이들이 인간관계에서의 소통과 신뢰 문제로 가슴앓이를 하고 있다는 사실을 알게 되었다.

주위 사람들로 하여금 나를 믿게 만드는 능력이 부족해서 생기는 부작용이나 다른 사람은 고사하고 자기 자신을 신뢰하지 못하는 사람들에게 해결책을 제시하는 게 이 책의 주제다. 당신도 이런 문제로 어려움을 겪고 있다면, 이 책을 통해 내가 말하는 것 이상의 깨달음을 얻었길 바란다.

나는 성공의 관문을 통과하기 위해 달려가는 일은 우리

가 골프를 배울 때의 모습과 비슷하다고 생각한다. 그냥저냥 되는대로 골프를 치는 것에 만족할 것인가, 아니면 심혈을 기울여 노력해서 최고 수준의 실력자가 될 것인가. 아마추어 골퍼들을 보면 이 말이 무슨 뜻인지 알 수 있다.

아마추어 골퍼는 두 부류로 나눌 수 있는데, 한 그룹은 너무 오랫동안 공을 잘못 쳐온 까닭에 이상한 자세로 볼을 치는데 전문가가 되어버린 사람들이다. 그들은 여러 차례 레슨을 통해 배운 몇 가지 개념들을 부분적으로 기억하고 있다. 하지만 생각보다 실력이 늘지 않자 운동에 대한 흥미를 느끼지 못하고 연습 횟수와 강도를 줄여간다. 늘지 않는 실력에 초조해하던 중 머릿속에서 목소리를 듣게 된다.
'이런, 차라리 당장 점수를 올리는 데 적용할 수 있는 한두 가지 스킬을 내 방식대로 연습하는 게 낫겠어.'

처음에는 정확한 자세로 연습하던 골프 스윙이 나중에는 머릿속에 자신이 멋대로 해석한 몇 가지 방법들로 인해 불안정한 스윙이 되고 만다. 기대치는 높아지고, 바뀌는 건 없고, 왜 이렇게 게임이 안 풀리는지 도저히 이해가 안 되는 상황에 빠지게 된다. 그러다 어느 시점에 가서 골프 자체를 포기한다.

반면에 두 번째 그룹에 속한 사람들의 골프 실력은 날이 갈수록 좋아진다. 물론 그들의 성공은 단순히 우연이 아니다. 그들은 똑같이 레슨을 받은 후에, 배운 개념들을 한 치의 오차 없이 스윙에 적용하기 위한 연습을 게을리 하지 않는다. 때때로 '레슨을 받기 전에 괜찮게 점수가 나올 때도 있었는데… 이렇게 까지 연습해야 할까?'라는 생각이 슬그머니 들기도 할 것이다. 하지만 이내 다른 목소리를 듣는다.
'아니야, 지금은 혼란스러워도 이 자세에 익숙해지면, 더 나은 결과를 만들 수 있을 거야. 시간이 더 걸릴 뿐이야.'

결국 그들은 꾸준하고 열정적인 연습과 나름의 연구를 통해 앞서 말한 사람들보다 훨씬 높은 수준의 경기를 하고, 기대보다 더 많은 성공을 거둔다. 나는 이 책을 읽은 모든 독자들이 그들처럼 큰 성공을 거두기를 바란다.

이 책에서 제시하는 기술들을 완벽하게 구축하는 데 필요한 것은 운이 아니라 열심히 노력하는 것과 스스로에 대한 믿음뿐이다. 당신은 인간관계에서 일어나는 신뢰 문제에서 성공하는 사람이 될 수 있다. 그 일에 절대 의심하지 말고, 이제 밖으로 당당히 나가서 세상이 당신을 믿게 하라.

옮긴이 **황정경**

성신여자대학교를 졸업한 후 전문번역가로 활동하고 있다.
옮긴 책으로 《식도락가를 위한 런던 먹거리 여행》,《빌 게이츠는 18홀에서 경영을 배웠다》
등이 있다.

사람들은 왜
당신을 믿지 못할까?

신개정판 1쇄 인쇄일   2022년 03월 08일
신개정판 1쇄 발행일   2022년 03월 18일

지은이   롭 졸스
옮긴이   황정경
발행인   이지연
주간   이미숙
책임편집   이정원
책임디자인   권지은
책임마케팅   이운섭
경영지원   이지연

발행처   ㈜홍익출판미디어그룹
출판등록번호   제 2020-000332 호
출판등록   2020년 12월 07일
주소   서울시 마포구 독막로18길 12, 2층(상수동)
대표전화   02-323-0421
팩스   02-337-0569
메일   editor@hongikbooks.com

제작처   갑우문화사

ISBN   979-11-9142-071-5 (03190)

※ 이 책은 《뭘 해도 믿음이 가는 사람의 비밀》의 신개정판입니다.